Pourquoi on nous a séparés ?

Collection « Sociologie clinique »
sous la direction de Vincent de Gaulejac

Longtemps, la sociologie s'est construite contre le vécu, le personnel, le subjectif. Elle s'ouvre peu à peu à l'analyse des sentiments sociaux, des passions collectives, des processus sociopsychiques, de la subjectivité, de la question du sujet. L'ambition de cette collection est de favoriser cette ouverture en publiant des ouvrages qui s'intéressent à la dimension existentielle des rapports sociaux, c'est-à-dire aux relations profondes qui relient l'être de l'homme et l'être de la société. Pluridisciplinaire et ouverte à des approches plurielles, cette collection s'adresse à tous ceux qui cherchent à concilier les exigences de la rigueur scientifique et les nécessités d'une écriture sensible, accessible à des non-spécialistes, en évitant le double travers de la théorie sans vie et du vécu sans théorie.

PARMI LES TITRES DÉJÀ PARUS :

Sous la direction de Thomas Périlleux et John Cultiaux
Destins politiques de la souffrance
Intervention sociale, justice, travail

Jacqueline Barus-Michel
Désir, passion, érotisme…
L'expérience de la jouissance

Jean-Philippe Bouilloud
Devenir sociologue
Histoires de vie et choix théoriques

Gilles Herreros
Pour une sociologie d'intervention
(dans la collection « érès poche »)

Florence Giust-Desprairies
L'imaginaire collectif
(dans la collection « érès poche »)

Danièle Linhart
Avec Barbara Rist et Estelle Durand
Perte d'emploi, perte de soi
(dans la collection « érès poche »)

Ginette Francequin
Le vêtement de travail, une deuxième peau

Sous la direction de Vincent de Gaulejac et Michel Legrand
Intervenir par le récit de vie
Entre histoire collective et histoire individuelle

Sous la direction de Vincent de Gaulejac, Fabienne Hanique et Pierre Roche
La sociologie clinique
Enjeux théoriques et méthodologiques

Jacqueline Barus-Michel
Le politique entre les pulsions et la loi

Eugène Enriquez
Clinique du pouvoir
Les figures du maître

Christine Abels-Eber

Pourquoi on nous a séparés ?

Récits de vie croisés : des enfants placés, des parents et des professionnels

Préface d'Eugène Enriquez

« Sociologie clinique »

érès

Conception de la couverture :
Anne Hébert

ISBN : 978-2-7492-0657-8
ME - 12-8

33 avenue Marcel-Dassault, 31500 Toulouse
www.editions-eres.com

À Zïa, ma petite fille

Si le monde social m'est supportable,
c'est parce que je peux m'indigner.

Pierre Bourdieu

(*Entretien avec Antoine Spire*,
Paris, Éditions de l'Aube, 2002)

Préface

Que le lecteur de ce livre s'attende à être, au sens le plus profond, dérangé. Non que l'auteur, Christine Abels-Eber, poursuive consciemment un tel but. Les deux philosophes qu'elle évoque, et auxquels elle se réfère au début et à la fin de son livre, Spinoza et Kierkegaard, ne prononcent que des mots simples que tout le monde devrait pouvoir entendre tellement ils apparaissent, a priori, évidents : « Ne pas avoir pitié, ne pas se moquer, ne pas détester, mais comprendre » (Spinoza), « Pour aider un être je dois certainement comprendre plus que lui, mais d'abord comprendre ce qu'il comprend » (Kierkegaard). Pourtant si on laisse ces paroles séjourner en nous, elles constituent de véritables brûlots. En effet, il est facile de se moquer mais il est dur de comprendre ce que l'autre comprend.

C'est pourtant à cette tâche que s'est consacrée, dans ce nouvel ouvrage, Christine Abels-Eber, qui avait déjà abordé le problème dont elle nous entretient dans son livre *Enfants placés et construction d'historicité*. Elle s'est donné la tâche d'entendre, de comprendre la souffrance des enfants placés et de leurs parents, les actions positives et négatives des travailleurs sociaux et des systèmes de protection de l'enfance, dans toute leur complexité, en suspendant le plus possible son jugement, les sentiments exprimés et les conduites adoptées par les divers acteurs intervenant lors d'une séparation d'un enfant de sa mère et de son placement en institution ou dans un foyer d'accueil.

Pour ne pas céder à quelque tendance moralisante qu'elle aurait pu avoir, comme tous les mortels que nous sommes, elle a surtout écouté leurs paroles, qu'elle nous restitue le plus complètement possible pour que nous puissions, nous lecteurs, être touchés et nous faire notre idée des situations exposées. Elle s'est, le plus possible, effacée devant les dires, les plaintes, les récriminations ou les jugements de ceux dont elle n'a voulu être que la porte-parole, sinon même le scribe. On pourra lui reprocher une telle humilité, et moi-même, rédigeant cette préface, je n'ai pas toujours pu accepter une telle attitude de réserve. J'ai eu parfois l'envie de lui dire d'être plus présente, d'être plus explicative, plus affirmative, moins humble. Et pourtant c'est en adoptant une telle posture qu'elle nous permet de prendre toute la mesure du problème qu'elle nous soumet, d'en saisir les enjeux, d'en prendre une conscience aiguë et d'être profondément bouleversés, « dérangés », par ces voix anonymes, ces personnes inconnues qui soudainement nous deviennent proches bien que lointaines, familières bien qu'étrangères, et qui parlent directement à notre raison et à nos sentiments.

Christine Abels-Eber nous met en face d'un monde que nous n'avons pas l'habitude de voir ni de côtoyer, d'un monde « étranger » au nôtre mais qui peut devenir un jour le nôtre ou celui de nos enfants.

On sait que Freud dans son essai *L'inquiétante étrangeté* évoquait deux figures des choses, des « objets » nous entourant : ce qui était *unheimlich* (étrange, étranger) et ce qui était *heimlich* (familier, proche). Il nous disait que les deux figures pouvaient, paradoxalement, nous faire peur, nous faire rêver, nous faire réagir, autant l'une que l'autre. Il nous faisait ainsi comprendre que le familier décelait des zones obscures que nous ne pouvions ni ne voulions voir et que l'étrange, l'étranger, était peut-être plus proche qu'on ne le pensait, qu'il était peut-être tout près, parfois même niché en nous. Rien de ce qui est humain n'est donc facile à admettre, à comprendre. Il nous met toujours en danger car, quand on le rencontre vraiment, il « dérange » nos certitudes, nos manières routinières de penser et notre vie.

En nous donnant à voir cet univers étranger, en le rendant si proche, l'auteur nous ouvre aussi à ce qui est souvent caché en nous, nous provoque, nous fait sortir de notre « sommeil dogmatique » et nous oblige à voir et à comprendre une scène qui avait pour nous peu de réalité. C'est pour cela que ce livre est dérangeant et en même temps indispensable. Ces personnages qui parlent deviennent de véritables *personnes* qui nous parlent et qui, en parlant, parlent peut-être aussi de nous.

Nous allons entendre les voix des enfants, Rémi et Max, placés en institution à partir de désaccords graves entre le père et la mère, celles des parents, Cathy, qui dira avoir vécu une véritable descente aux enfers pendant le placement de son enfant à l'Aide sociale à l'enfance durant six ans, et Marie, qui a dû faire « le parcours du combattant » pour pouvoir avoir, à nouveau, contact avec ses enfants Dorothée et Damien (le premier, Jean, semblant avoir été kidnappé par sa propre mère). En ce qui concerne Marie, nous disposons également du témoignage de sa fille Dorothée, de Line, l'assistante maternelle de Dorothée, et d'Anne, l'assistante sociale AEMO qui s'est occupée de Damien, ce qui rend le « cas » de Marie et de ses enfants si attachant.

Nous avons, de plus, les réactions de deux directeurs d'établissement, Olivier G. et Dominique B., qui parlent en toute liberté et sans langue de bois du fonctionnement des services sociaux, des aides qu'il faut apporter aussi bien à l'enfant qu'aux parents, de la nécessité pour l'ensemble des travailleurs sociaux de pouvoir réfléchir, en présence d'une instance tierce, à leurs pratiques et au sens qu'elles peuvent revêtir aussi bien pour les « clients » de l'aide sociale que pour eux-mêmes.

Tous ces acteurs du système de protection de l'enfance sont donc invités à nous parler le plus franchement possible, Christine Abels-Eber étant là pour recueillir leurs témoignages et pour faciliter, par des questions judicieuses, leur travail de pensée et l'exploration des situations.

Il ne peut être question dans une brève préface de faire entendre le concert de ces voix. Ce serait d'ailleurs préjudiciable aux récits et aux témoignages, qui perdraient de leur saveur et de leur vigueur. Par contre, ce qui est possible, dans une préface, c'est de faire sentir aux lecteurs la concordance de ces divers discours. C'est pour cette raison que nous avons parlé du concert des voix. De même que, dans un orchestre symphonique, chacun joue sa partition et que le résultat d'ensemble est harmonieux, même si la musique provoque, non la jouissance, mais la terreur ou l'horreur, chacune de ces narrations est originale, exprime bien la problématique du sujet parlant, sa plainte, ses espoirs, ses réflexions et en même temps traite à sa manière des mêmes problèmes et entre en résonance harmonieuse avec les autres.

Que nous disent donc ces diverses personnes sinon que l'événement-séparation qui aboutit à l'avènement-placement est terriblement douloureux pour tous et qu'il faut faire le maximum pour l'éviter (sauf dans le cas où maintenir ou renvoyer des enfants à des parents maltraitants, psychotiques, comme cela se faisait il n'y a pas si longtemps encore, est une aberration et ne peut que les détruire encore un peu plus), et si cela n'est pas possible, il faut que l'enfant comme les parents acceptent cette séparation et que les services sociaux procèdent à un véritable accompagnement des uns et des autres en utilisant tous les moyens à leur disposition et au besoin en en inventant de nouveaux – tels « La Croisière » au Québec, groupe d'entraide de parents – qui leur permettent de ne pas céder au désespoir, de surmonter leurs souffrances et de se revaloriser.

En effet, il n'y a rien de plus terrible pour une mère que d'être cataloguée comme mauvaise mère par ses enfants, par les travailleurs sociaux ou par les juges, il n'est rien de plus difficile pour un enfant que de ne plus avoir confiance en ses parents, de ne plus pouvoir les « idéaliser » même au minimum, de se défier de tout ce que les services sociaux font pour eux.

Hélas, l'aide sociale n'est pas toujours à la hauteur de sa mission. Ce point fera réagir sans doute bien des « travailleurs sociaux » qui ont le sentiment de se dévouer à une tâche difficile. Et pourtant cette défaillance est attestée par les différents acteurs.

> « Je ne veux pas qu'ils (les éducateurs, à propos des week-ends chez sa mère) en parlent entre eux. Tu sais, souvent, ils répètent tout ce qu'on leur dit parce qu'ils vont aux réunions de synthèse, il y a des choses qu'y vaut mieux pas dire à cause des synthèses où ils vont en parler. Même si eux ils font ça pour leur travail, et pour notre bien, eh bien souvent c'est du mal que ça nous fait, alors vaut mieux se taire quelquefois » (Max, un enfant).

> « Je pense que trop de travailleurs sociaux stigmatisent les familles, les personnes, parce qu'ils restent sur le factuel. Les faits qui nous sont donnés à voir sont souvent très négatifs, les représentations sont très négatives… » (Anne, assistante sociale qui s'est occupée de Damien, fils de Marie).

Ces citations ne signifient pas que les travailleurs sociaux, dans l'ensemble, ne fassent pas correctement leur travail, et que, bien souvent, ils ne prennent pas leur tâche véritablement à cœur.

Le témoignage de Marie concernant le dévouement et la qualité de l'accompagnement d'Anne, l'assistante sociale de Damien, comme les déclarations d'Anne concernant le travail accompli avec Marie et Damien le manifestent amplement. Seulement tous les travailleurs sociaux ne peuvent pas avoir les mêmes aptitudes à la compréhension que celles révélées chez Anne.

Cela d'autant plus que toutes les fonctions d'accompagnement ne peuvent avoir qu'un statut ambigu. Elles doivent favoriser l'autonomie et la prise de responsabilité de l'individu aidé, et en même temps elles risquent toujours de se transformer en affirmation d'un pouvoir d'autant plus exorbitant qu'il s'étaye sur des institutions solides, se référant à la loi.

On oublie trop souvent que le mot « sujet » veut dire deux choses contradictoires : être maître de son destin (le sujet de ses actions) ou être assujetti. Quand on s'occupe de sujets, de personnes ayant une raison et un cœur, on peut glisser sans le vouloir explicitement (certes, certains ne peuvent masquer la jouissance perverse que leur procure le pouvoir) d'une attitude d'accompagnateur du développement personnel de l'autre à une attitude de domination.

Tous les éducateurs, enseignants, formateurs, voire psychanalystes peuvent être tentés d'incarner le savoir absolu, de se croire dans la position du « grand Autre » (pour parler comme Lacan), de devenir autoritaires et même totalitaires, de s'investir d'un pouvoir quasi sacré. Quand on est dans une relation d'aide, on est plus ou moins traversé par divers fantasmes : celui du formateur, au sens platonicien du terme (« donner la bonne forme »), celui de l'accoucheur socratique (il faut se souvenir que Socrate amène ses interlocuteurs là où il veut les mener), celui du thérapeute ou de l'analyste sauvage, du militant d'une cause jamais interrogée, du réparateur qui veut réparer l'autre à sa manière ou encore, comme nous l'a montré Searles, de celui qui tout en disant vouloir faire du bien poursuit la mort psychique de l'autre et tente de le rendre fou.

Aucune personne ne peut se dire épargnée d'avoir de tels fantasmes car ils s'avèrent nécessaires pour entreprendre une action et pour y croire. Mais gare à celui qui ne se questionne pas, à celui qui croit détenir la vérité, qui n'est pas capable de prendre une distance respectable par rapport aux fantasmes (le fantasme nourrit l'action mais quand il se réalise pleinement il n'apporte que mort et désolation ; tous les psychanalystes, tous les psychologues – au moins ceux qui respectent l'autre – sont conscients des fantasmes qui les animent et savent que le fantasme est créateur de la vie et de pensée – Aristote ne disait-il pas qu'on ne peut penser sans fantasme, qui, quand il n'est plus irrigué par la raison et le questionnement, revêt le masque de la destruction ?

Aider autrui, mieux l'accompagner (Christine Abels-Eber préfère, à juste titre, ce dernier terme) nous met en face de nos désirs les plus fous. Ce n'est pas pour rien que depuis Platon (repris par Freud) on a qualifié le gouvernement, et surtout l'éducation (au sens large du terme) de « métier impossible », un métier qui, quoi qu'on fasse, aboutit la plupart du temps à des résultats décevants. Et pourtant, il faut bien que des personnes exercent de tels métiers et qu'elles le fassent sans développer la violence inouïe qui se cache dans ses plis.

Nous avons, pour notre part, depuis plus de quarante ans essayé de montrer le visage du *pouvoir nu* (c'est-à-dire sans médiation par la technique, et touchant directement le corps, la pensée, la psyché des sujets) qui est en œuvre dans toutes les relations humaines, surtout lorsqu'elles s'établissent entre deux personnes situées dans des positions asymétriques : d'une part le sujet perdu, en désarroi, souvent culpabilisé ou honteux, et d'autre part le sujet ayant le savoir et le pouvoir de faire qui s'appuie sur la loi, la morale et les institutions républicaines. Pour exercer de tels métiers impossibles, il est nécessaire d'être bien formé (et le travail de Christine Abels-Eber à Tours le montre bien) et bien entouré ; il est nécessaire que les personnes soient plus à même de comprendre les raisons du choix d'un tel métier (et c'est pour cela que les séminaires « roman familial et trajectoire sociale » permettant aux personnes de reprendre le fil de leur histoire de vie sont essentiels) et puissent régulièrement faire état de leurs pratiques dans des groupes d'échange et d'analyse de celles-ci.

Il ne s'agit, en aucun cas, de crier haro sur le travailleur social. Son rôle est indispensable dans la société et principalement dans notre société contemporaine de nouveau capitalisme sauvage qui brise et exclut de plus en plus de personnes. Celles-ci ont un besoin pressant d'être accompagnées, de trouver réconfort et compréhension auprès des institutions d'aide sociale, de pouvoir à nouveau s'estimer, se reconnaître comme de véritables sujets et comme des citoyens et être valorisées.

Si les travailleurs sociaux doivent être bien formés, les parents en difficulté doivent réclamer non seulement l'aide de ceux-ci mais il doivent pouvoir, de leur côté, s'organiser en groupes de parents échangeant leurs problèmes et inventant de nouvelles solutions. C'est à ce prix qu'ils retrouveront le respect d'eux-mêmes et la considération des autres.

Les pratiques de formation, l'interrogation dans des séminaires histoires de vie, la constitution de groupes de parents, tout cela est analysé avec profondeur dans ce livre, où l'auteur a mis toute son expérience, tout son cœur et toute sa raison, elle qui fait de ce texte, des personnages mis en scène, un révélateur pour tout lecteur qui ne peut qu'entrer en sympathie avec les propos tenus et les témoignages réunis.

Certes, certains diront que les témoignages sont trop longs, que l'auteur montre trop d'humilité (et j'ai été tenté, je le dis plus haut, de lui faire un tel reproche). Mais si les lecteurs prennent leur temps, consentent à vivre avec les personnes qui parlent, ils en seront récompensés. Ils se sentiront plus près de ces personnes et d'eux-mêmes.

Naturellement, un tel livre comporte des lacunes. On aurait aimé que l'auteur creuse plus la question de la violence, qu'elle montre mieux qu'elle ne le fait le jeu des différents acteurs et le fonctionnement du système de protection, s'interroge plus avant sur une société qui se réclame d'autant plus de l'homme dans les mots qu'elle le rabaisse dans les actes. Mais l'auteur aurait alors écrit un autre livre plus explicatif mais sans doute moins attachant. Celui que les lecteurs vont découvrir se tient bien, tel qu'il est, et il mérite d'être lu attentivement, ressenti et commenté par un grand nombre de personnes. Elles seront, je l'espère, sensibles à l'honnêteté de l'auteur, à la force de son propos et à sa capacité d'empathie avec les acteurs des drames qu'elle nous présente.

Eugène Enriquez
professeur émérite de sociologie, Paris VII

Eugène Enriquez est l'auteur de nombreux articles et ouvrages, dont : *De la horde à l'État*, Paris, Gallimard, 1983, et coauteur, avec C. Haroche de : *La face obscure des démocraties modernes*, Toulouse, érès, 2002. Il est rédacteur en chef de la *Revue internationale de psychosociologie.*

« Moi je rêve pas Courgette. Et je sais bien que si papa s'en allait souvent en voyage, c'était à cause des disputes à la maison. Maman, elle s'occupait avec ses aiguilles et ses cœurs à recoudre parce qu'elle savait pas trop comment dire « je t'aime ». C'était quand même ma maman et j'avais un papa, et une maison aussi, avec ma chambre à moi, et quand je descendais l'escalier, c'était mon escalier, et quand je buvais mon chocolat, c'était dans ma tasse préférée avec des petites oreilles vertes et mon prénom écrit dessus, et je pense que c'est pareil pour tous les enfants qui vivent ici. Que leurs parents se tapent dessus ou qu'ils les attachent au radiateur, ou qu'ils soient en prison ou qu'ils essayent d'arrêter de boire ou pire, c'est chez eux et c'est leurs parents et c'est toujours mieux qu'aux Fontaines.
– Tu peux pas dire ça comme ça Camille. Ici on a tout. Chez nous on mangeait que des pâtes au ketchup ou des pommes de terre ou de la viande hachée ou du pâté. On savait même pas que les "zépinards" ça existait. On va à la piscine, on joue au foot, on apprend à skier et les "zéducateurs" s'occupent bien de nous. On est quand même bien plus heureux et moi, je t'ai, et tous les autres.
– Tu vois tout avec le soleil toi. Des fois je t'envie ... »

G. Paris
Autobiographie d'une courgette,
Paris, Plon, 2001.

Introduction

« Le placement de certains enfants, conçu pour les sauver, les blesse parfois à jamais, eux et leurs parents [1]. *»*

Pourquoi ce livre ?

Il s'est pratiquement imposé à moi, et je ne pouvais l'éviter si je voulais rester en accord avec moi-même et aller au bout de cette extraordinaire aventure qui, de rencontres en rencontres, m'a promenée hors des sentiers battus, et bien au-delà de ce que j'avais envisagé.

Les rencontres avec des enfants placés, des assistantes maternelles, des travailleurs sociaux, m'ont projetée plus loin, et je me suis retrouvée face aux parents de ces enfants placés.

Ce fut un cheminement riche, dense, qui s'est construit grâce à un enchaînement de rencontres, chacune rendant l'autre inévitable, incontournable, et indispensable pour que le chemin s'éclaircisse, soit logique et cohérent. Ces rencontres s'enrichissaient du récit des personnes, et chaque récit me menait plus loin, d'une personne vers une autre personne, d'un récit à un autre récit, chacun me conduisant naturellement à l'autre.

---

1. M. Titran, T. Potekov, *Vies de familles. Un autre regard sur l'exclusion*, Paris, Gallimard, 1996.

Mais ce que je découvrais au fil de ces rencontres me sidérait et me mettait face à une réalité que je pensais dépassée depuis longtemps, tant le discours social et politique « donne à voir » de la vie et de l'accompagnement des enfants victimes et objets du placement, et de leurs parents, un tableau plus « convenable » que celui auquel je me confrontais.

Ce fut un choc, car il faut être de l'autre côté de la barrière, du côté des acteurs et non des décideurs, pour prendre conscience de ce que peut être le vécu de ces acteurs, vécu qui ne peut être exprimé dans son authenticité que par ceux qui le vivent.

J'ai recueilli des récits d'enfants, de parents, mais aussi, à la demande d'une mère et de sa fille, le récit des professionnels qui les ont accompagnées, une assistante sociale et une assistante maternelle.

Ces paroles vraies et intimes ne pouvaient rester lettre morte, et je ne me sentais pas autorisée à les garder en ma seule possession. Cathy, Marie, Yvon, Rémi, Max et les autres m'ont fait confiance, en me les confiant. J'ai donc décidé de mettre au jour et aux vues de nous tous ce que certains services sociaux peuvent être conduits à vivre, mais aussi à faire vivre à des enfants et à des parents déjà fragilisés par leurs conditions de vie et le placement de leur enfant.

Et pourtant, j'entends certains professionnels dire : « On » fait tout ce que l'on peut pour eux, « on » les aide ; oui, bien sûr, mais le sens premier d'*aider* n'est-il pas : *faire à la place de l'autre, pour l'autre, qui est considéré comme incapable* ? Ce qui ne conduit pas à la même démarche que celle d'*accompagner*, qui signifie : *être à côté, soutenir l'autre afin qu'il trouve lui-même le chemin qui lui convient et les réponses à ses questions*.

Aider permet à l'aidant d'avoir bonne conscience, car il peut témoigner du fait qu'il fait quelque chose pour ces personnes en difficulté, voire qu'il fait « tout » pour elles, et qu'elles sont bien ingrates et peu reconnaissantes lorsqu'elles se montrent insatisfaites, récalcitrantes ou rebelles. Mais, celles-ci, parfois jugées d'emblée incompétentes et incapables, sont, trop souvent, mises à l'écart des prises de décision les concernant elles-mêmes et/ou leur propre famille.

> « Les droits de l'enfant distincts, voire opposés, aux droits des parents, c'est aussi un danger, car cela peut signifier une

dérive : c'est l'enfant seul qui doit désormais être écouté. Or, il est essentiel d'écouter les paroles des uns et des autres calmement et le plus lucidement possible, de tenter de leur trouver une interprétation. Sinon tout peut devenir harcèlement [2]... »

La séparation enfant-parent est souvent vécue comme une violence par l'enfant et par le parent

Il y a quelques années, lors d'un travail de recherche [3], j'ai eu la chance de rencontrer des enfants placés dans une institution, et chez une famille d'accueil. Ces rencontres ont bouleversé quelques idées préconçues qui s'étaient logées en moi ; en effet, ces enfants ne correspondaient pas tout à fait aux tableaux cliniques que certains spécialistes peuvent en faire, tableaux parfois très stéréotypés et en cela déshumanisants, car un enfant dit « en difficulté » est aussi considéré comme un enfant « difficile ». Il peut même être stigmatisé par des classifications rapides et terribles : carencé affectif, carencé éducatif, cas social...

Par leurs témoignages très personnalisés, et par le récit de leur vie qu'ils m'ont confié, ces enfants m'ont appris à les connaître et à mieux les comprendre ; j'ai ainsi découvert ce que pouvait être la face cachée de la vie d'un enfant placé, séparé de sa famille, vie chargée d'attentes, d'espoir, mais aussi de solitude, de désespérance, de souffrance et d'incompréhension.

Après avoir mieux compris ce que peut représenter le parcours de certains enfants placés et entendu les phrases exprimées par la plupart de ces enfants, telles que : « Je voudrais qu'on aide ma maman... parce qu'elle ne sait pas bien faire avec nous », ou « ... parce que ça ne se passe pas très bien à la maison, le week-end », j'ai éprouvé le besoin de comprendre ce que pouvait être le parcours des parents dont l'enfant est placé.

J'ai pu rencontrer des parents dont les témoignages m'ont bousculée. Ils mettent au jour un certain nombre de dysfonctionnements des services sociaux qui rendent, trop souvent, la

2. Eugène Enriquez, dans Eugène Enriquez, Claudine Haroche, *La face obscure des démocraties modernes*, Toulouse, érès, 2002, p. 83.
3. C. Abels-Eber, *Enfants placés et construction d'historicité*, Paris, L'Harmattan, 2000.

vie « impossible » aux parents et aux enfants. Ceux-ci se retrouvent dans une spirale infernale, face à des impasses ou dans un tunnel dont on ne voit jamais le bout, tant les attentes qui sont formulées à leur égard sont exigeantes, voire contradictoires, au risque de rendre fou l'autre, celui auquel elles sont adressées.

J'ai été touchée par le parcours difficile de certaines familles, par les souffrances qu'elles ont endurées, par les phases de désespoir qu'elles ont traversées, mais aussi par leur colère, par leur révolte, liées à l'incompréhension de ce qui leur arrivait, de ce qu'on leur demandait d'être et de faire, et par tout ce qui aurait pu leur être évité, par tout ce qu'on aurait pu leur épargner.

Chacun de ceux que j'ai rencontrés, que ce soit l'enfant ou le parent, vit cette situation comme une violence qui lui est faite, qu'il subit et qu'il n'arrive pas à comprendre. Tous expriment très vivement dans leur récit une « quête de place », place d'enfant de mes parents, pour l'enfant, ou place de parent de mon enfant, pour le parent, et une « quête de sens » sur cette séparation qu'ils n'ont pas toujours comprise ni acceptée.

Max, 10 ans, parle de cette période de sa vie en disant qu'il a vécu « une guerre », Cathy dit avoir vécu « l'enfer », et Marie en parle en termes de « calvaire » et de « parcours du combattant ».

Ces expressions témoignent de la violence que représente pour eux cet événement-séparation ; en effet, les mots employés sont forts mais exprimés avec spontanéité et émotion, tant dans la voix que dans les expressions du visage et du corps. Il y a de la souffrance, de la colère, de la révolte, mais aussi un *refus de la résignation*, ce qui, d'ailleurs, a dû alimenter le réservoir d'énergie qui a permis à Cathy et à Marie de retrouver leurs enfants et de gagner leur lutte. Mais à quel prix !

Je dois préciser que les parents qui s'expriment et dont je parlerai ne furent ni violents ni maltraitants avec leur enfant. Ils se sont retrouvés dépassés et perdus à un moment donné de leur vie, seuls, sans soutien familial ni social.

L'événement-séparation produit l'avènement-placement ; en effet, la séparation entre l'enfant et ses parents conduit au placement de l'enfant, et la souffrance de l'enfant et des parents semble surtout liée à l'absence de sens sur cette séparation qui est, ou fut, insupportable à chacun.

Willy, un garçon de 10 ans, me dit à ce sujet :

« Tu sais, ce qui me fait le plus douloureux à moi, c'est d'être séparé de mon papa et de ma maman, et c'est quand je suis parti et qu'ils étaient plus là que j'étais triste, ça c'est dur, et je comprends rien à tout ça, j'ai pas compris pourquoi on était séparés comme ça [...] »

Parents et enfants expriment le fait que ce n'est pas tant le placement qui les met en souffrance que la séparation parents-enfants. Si celle-ci était mieux comprise, le placement serait certainement mieux accepté et mieux vécu, par les uns et par les autres, car il est parfois souhaitable, souhaité, voire attendu.

Il semble que chacune des personnes que j'ai rencontrées témoigne du même manque, celui du sens qu'elles n'ont pas pu mettre sur l'événement-séparation qu'elles subissent.

Cet « autre » que parents et enfants ont sollicité et dont ils avaient besoin ne semble pas les avoir accompagnés à s'accomplir, à s'émanciper, à s'en sortir, mais plutôt à s'assujettir, à se soumettre ; en effet, ils ne pouvaient pas agir positivement sur l'événement faute de compréhension de celui-ci et de ce qui leur arrivait. Ils s'épuisaient à tenter de comprendre l'insupportable, car il est nécessaire de comprendre ce qui s'est passé pour le dépasser.

Tout au long de ce travail d'écriture, j'ai lu et découvert de nombreux ouvrages et travaux sur la question du placement et sur le travail avec les parents. J'ai été particulièrement éclairée par le livre de Maurice Titran et de Thérèse Potekov [4], par le travail d'ATD Quart-Monde dirigé par Pierre Klein [5], par l'ouvrage de référence de Guy Ausloos [6], et par la recherche d'Isabelle Delens-Ravier [7], qui me permettaient de penser que mes hypothèses étaient plausibles.

Delens-Ravier défend l'idée que « la mesure d'éloignement est une aide qui doit permettre à la famille de se retrouver, un soutien aux parents pour les aider à faire une place à leur enfant ».

---

4. M. Titran, T. Potekov, *Vies de familles, op. cit.*
5. ATD Quart-Monde, coordonné par P. Klein, *Précieux enfants, précieux parents*, Paris, Éditions Quart Monde, 2003.
6. G. Ausloos, *La compétence des familles : temps, chaos, processus*, Toulouse, érès, 1995.
7. I. Delens-Ravier, *Le placement d'enfants et les familles*, Paris, Éd. Jeunesse et droit, 2000.

Pour la majorité des familles rencontrées, la demande d'aide et de soutien qu'elles ont formulée lors d'un moment de crise et d'une phase particulièrement difficile de leur vie s'est retournée contre elles. Leur fragilité, même passagère, est devenue « visible », trop visible socialement, ce qui les a rendues d'autant plus vulnérables.

On peut regretter que cette fragilité soit trop souvent « sanctionnée » par le placement des enfants. Leur demande n'a pas toujours été considérée et entendue telle qu'elle était exprimée ; la réponse qui leur est faite, c'est-à-dire le placement de l'enfant, n'a, le plus souvent, rien à voir avec ce que ces parents attendaient, souhaitaient comme soutien.

L'aide que ces familles ont sollicitée les disqualifie au lieu de les ressourcer. L'aide attendue s'est transformée en sanction. Le soulagement espéré est devenu douleur et désespoir.

Toute personne a besoin de l'autre, pour s'accomplir (c'est d'ailleurs ce qui permet la cohésion sociale), puisque « la dépendance suppose l'incomplétude en soi et la complétude requiert les ressources d'un autre [8]... ».

Les récits recueillis mettent au jour le besoin de l'autre, mais l'appel à l'autre n'est pas considéré de la même manière selon la place que l'on occupe dans la société, et selon les interlocuteurs auxquels on adresse sa demande. La demande formulée à un autre peut être interprétée comme une forme d'émancipation, une ouverture pour certains, ou comme une incapacité à se prendre en charge pour d'autres.

« Être dépendant de l'aide sociale est synonyme d'humiliation [...] il n'y a pas de reconnaissance, on n'est pas vu, pas perçu comme un être humain à part entière, homme ou femme, dont la présence importe [9]... », précise Sennett lorsqu'il évoque la question du respect, mais aussi du manque de respect que certains subissent.

À la fois isolés, abandonnés et sans soutien familial ni social, et parfois poursuivis par des services sociaux qui se montrent peu souvent satisfaits, en demandent et en veulent toujours un peu

8. I. Delens-Ravier, *ibid.*

9. R. Sennett, *Respect de la dignité de l'homme dans un monde d'inégalité*, Paris, Albin Michel, Saint-Amand-Montrond, 2003.

plus, semblent chercher la faille et restent trop souvent aveugles sur chaque petite avancée et chaque pas en avant, ces parents témoignent de leur sentiment d'abandon, défini par Enriquez comme le fait « d'être livré à soi et ne plus pouvoir compter sur aucun étayage [10] », car tout homme aspire à une protection sociale.

On ne peut donc pas s'étonner de rencontrer tant d'individus qui ont perdu toute dignité à leurs yeux et aux yeux des autres.

> « L'idée même d'être insignifiant, inutile, de ne pas être à sa place, peut se décliner de multiples façons, mais revient fondamentalement au fait que l'on ne sert à rien, qu'on n'a pas vraiment droit à l'existence [...] On peut penser que, face à une violence continue, insidieuse, les individus n'auraient même plus l'énergie de se révolter [11]. »

À travers quelques récits de parents et d'enfants, il apparaît que l'acharnement et les pressions de services sociaux empêchent parents et enfants de se séparer de ceux qu'ils aiment avec l'assurance de les retrouver. Un soutien et un accompagnement individuel ou familial pourraient leur permettre de comprendre que la séparation, parfois utile et nécessaire, n'est pas une destruction, ni une rupture définitive, et qu'elle n'a pas pour objectif de compromettre la qualité des liens positifs qui existent entre eux, mais plutôt de les reconnaître et de les renforcer.

Ce livre s'est construit à partir du discours de quelques acteurs, enfants et parents, auxquels se sont joints des professionnels qui les ont accompagnés. J'ai mesuré combien il est important que parents et enfants puissent exprimer leur parcours, leur souffrance et leur révolte, et puissent avoir l'assurance qu'ils sont entendus et crus. Les enfants, tout comme les parents que j'ai rencontrés, connaissent leurs compétences. Ils n'ignorent pas qu'ils savent parler et s'exprimer, mais on met si souvent en doute ce qu'ils disent qu'ils ont appris à se taire, et parfois à douter de cette parole et de leurs capacités à l'exprimer.

Par l'intermédiaire des récits, ils ont pu réaliser qu'ils pouvaient utiliser la parole, que leur parole était entendue, et que

10. E. Enriquez, C. Haroche, *La face obscure des démocraties modernes*, *op. cit.*
11. R. Sennett, *Respect de la dignité de l'homme dans un monde d'inégalité*, *op. cit.*

leur version, le récit de leur parcours d'enfant placé, de parents d'enfants placés, était acceptée telle qu'ils l'exprimaient. Le fait d'être entendu, cru, accueilli par celui auquel on s'adresse est fondamental pour se sentir reconnu et digne d'intérêt par son interlocuteur, celui auquel on adresse son récit.

Je laisserai tout d'abord la place aux récits de ces acteurs, récits qui nous éclairent sur une réalité que certains « exclus de la parole » peuvent vivre, même si celle-ci dérange, car elle n'est pas facile à entendre et surtout à accepter.

Après un détour sur le contexte psychologique et social dans lequel les acteurs, enfants, parents et professionnels, évoluent autour de la question du placement de l'enfant, j'ai recueilli la parole de parents et de professionnels pour tenter de réfléchir sur ce qui pourrait faciliter l'accompagnement de chacun lors de cet événement difficile que représente la séparation enfant-parents

J'ai d'abord rencontré des enfants placés, soit en institution, soit en famille d'accueil, dont Rémi et Max [12], puis des parents d'enfants placés dont j'avais entendu parler, que j'avais entendus présenter leur parcours, ou qui m'ont contactée parce qu'ils avaient eu connaissance de mon travail par des travailleurs sociaux de mon entourage.

Il m'a fallu choisir certains récits parmi ceux que j'avais recueillis, et si j'ai retenu ceux d'Yvon, de Cathy et de Marie, c'est parce qu'ils rassemblent l'ensemble des idées exprimées par les autres parents. J'ai d'abord rencontré Yvon au Québec lors d'une conférence dans laquelle il présentait son parcours de père et son cheminement dans un groupe de parents ; c'est de là qu'est partie l'idée de ce livre qui se situe dans la continuité de mon premier ouvrage [13]. Puis j'ai contacté Cathy, dont j'avais entendu parler à plusieurs reprises, ensuite Marie, qui elle-même m'a proposé de rencontrer Line, l'assistante maternelle de sa fille, et Anne, l'assistante sociale qui l'accompagnait.

Les propos qui vont suivre seront illustrés par des extraits de récits, par la version des acteurs, qui est à l'origine de mon cheminement ; en effet, celui-ci n'aurait jamais vu le jour sans ces rencontres humaines et « humanisantes », comme le disait si bien

12. C. Abels-Eber, *Enfants placés et construction d'historicité, op. cit.*
13. *Ibid.*

Françoise Dolto, avec des enfants placés et des parents d'enfants placés.

Les récits croisés d'enfants, de parents et de professionnels permettent d'accéder à la subjectivité des uns et des autres, acteurs et auteurs, et ainsi de mieux la comprendre.

Ce n'est pas un livre théorique, mais un livre témoignage, un livre de témoignages où résonnent les voix d'enfants, de parents et de professionnels croisés sur le chemin de cette étonnante et enrichissante aventure humaine.

« Ne pas avoir pitié, ne pas se moquer, ne pas détester, mais comprendre. »

Spinoza

1

Paroles d'enfants, paroles de mères

> *« Écouter, c'est renoncer à prendre la place de celui qui sait. Écouter l'autre, c'est aller sur son terrain, là où il s'exprime, c'est prendre du temps* [1]*… »*

Rémi, l'enfant qui n'aime pas les disputes

Rémi a 12 ans lorsque je le rencontre ; il est placé dans une maison d'enfants depuis un an ; c'est son premier placement. Il n'a pas connu son père et a été élevé, dans sa petite enfance, par sa mère et par son grand-père maternel, alternativement ; puis, lorsque sa maman s'est mariée, il est parti vivre avec elle, son beau-père et son petit frère.

Il a été placé par les services sociaux, avec son accord et celui de ses parents, suite aux difficultés du couple parental, aux conflits avec son beau-père et au grave accident qu'il a subi en compagnie de son beau-père.

Rémi sait tout à fait pourquoi il a été placé, et il a très bien compris que ce ne sont pas ses parents qui ont décidé ou

---

1 . V. de Gaulejac, *Les sources de la honte*, Paris, Desclée de Brouwer, 1996.

demandé son placement, même s'ils en ont été acteurs, mais les services sociaux ; c'est ce qui lui rend peut-être plus aisées la compréhension de sa situation personnelle et familiale et l'acceptation de son placement.

En effet, l'origine du placement, selon qu'elle est perçue par l'enfant comme étant de l'initiative des travailleurs sociaux ou de celle de ses parents, détermine le rapport qu'il entretiendra avec cet événement. L'expérience montre qu'il est plus difficile pour l'enfant d'accepter son placement lorsqu'il a été demandé par ses parents, car comme le dit Sophie, une petite fille de 8 ans : « Des parents ça fait pas ça à ses enfants, ça peut pas faire ça à ses enfants ! »

L'enfant peut, alors, se sentir trahi ou abandonné par ses propres parents. Si le placement est demandé par les services sociaux, ceux-ci deviennent les mauvais objets sur lesquels peuvent être projetés tous les sentiments négatifs des uns et des autres ; ses parents sont, tout comme lui, des victimes, des incompris, et l'image qu'il conserve d'eux est alors moins entachée.

Rémi nous présente sa situation avec un certain fatalisme, en considérant que son placement à la maison d'enfants est actuellement la meilleure solution pour lui, car il ne possède aucun moyen pour que la situation de ses parents change.

> Voici quelques extraits de son récit :
>
> « Je suis ici à cause des problèmes avec mon papa, à cause des disputes [...] Le premier jour j'étais très timide, je ne connaissais personne, puis, après, je me suis mis dans le rythme, et je me plais là, je m'y sens en paix ; c'est sûr que quand je suis arrivé, le premier jour, je ne l'étais pas, j'étais un peu triste de quitter mes parents comme ça, mais je m'y suis très bien mis ; oh oui, c'est mieux que d'être chez moi, que d'entendre les disputes, parce que j'en rêvais souvent des disputes entre mes parents ; ils parlent de divorce. Ah ! si ça pouvait se passer, ces disputes, ce serait bien.
>
> Au début quand je rentrais de chez mes parents et qu'il y avait eu des disputes, je disais : ouf ! car, ici, pour moi, c'est « le centre de repos des disputes », oui, entre mes parents et moi, et je l'appelle comme ça, parce qu'ici, je peux mieux travailler à l'école, ma tête est plus libre.

Maintenant que je suis là, tout se passe bien à la maison, pendant que je suis là, il n'y a pas de disputes, ou c'est peut-être plutôt que je ne les entends plus, c'est peut-être ça ; parce que vous savez, j'aime pas trop les disputes, oh non, j'aime pas ça.

Quand il y a des disputes, je ne rentre jamais là-dedans, j'ai le corps à rester calme, et j'aime mieux quand on s'entend bien, comme avec mes copains d'ici ; je m'entends très bien avec mes copains, on s'entend bien, c'est le principal ; ah, oui, j'aime bien quand on s'entend bien, oh, ça oui !

[...] Quand j'étais petit, j'étais content avec ma maman ; moi, j'étais bien tout seul avec ma maman. Quand papa est arrivé, enfin mon beau-père, il fallait bien s'y faire ; avant, j'avais eu un autre père, je l'avais vu une fois à 3 ans et demi, je m'en rappelle bien, et puis je ne l'ai plus jamais revu.

[...] Si je suis venu ici, c'était pour résister aux disputes avec mes parents ; les disputes avec mon père, ça ne me plaisait pas ; il valait mieux que je vienne ici, car ces problèmes-là, ils m'ont ennuyé, ils m'ont beaucoup ennuyé, et depuis que je suis ici, je me trouve beaucoup mieux, ça évite les disputes avec mon père, et comme ça c'est mieux pour moi [...] Mais bien sûr, j'aurais préféré rester chez mes parents, ça aurait été plus normal, mais il valait quand même mieux que je vienne ici pour qu'il y ait la paix à la maison, et pour être en paix. J'y suis quand même un peu pour rien dans tout ça, vu ce qui se passe à la maison, j'ai pas vraiment voulu ça, mais il aurait fallu aider mes parents pour que ça change à la maison, moi je n'y pouvais rien, j'ai pourtant essayé [...].

Quand on m'a demandé mon avis j'ai pensé que c'était ce qui était le mieux pour moi ; papa et maman m'ont demandé ce que je pensais, même l'éducatrice qui m'a placé ici, parce que c'est elle qui a commencé à en parler et qui l'a proposé, et j'ai dit que j'étais d'accord ; après ils ont décidé entre eux. C'est bien plus facile qu'ils décident entre eux, parce qu'autrement, ça aurait recommencé les problèmes à la maison. C'est comme ça, il y a des problèmes, ça c'est vrai, et c'est pas facile pour moi. [...]

Ça me rappelle des souvenirs de vous raconter tout ça, mais je le sais tout ça, c'est gravé là, ce sont des souvenirs qui se gardent. C'est drôle parce que je me rends compte que *je le sais tout ça, mais que je ne savais pas que je le savais comme ça,* je vois que je sais quand même bien, et mieux que n'importe qui, ce que j'ai vécu moi, je le sais très bien tout ça. [...]

J'aime bien ma mère, ça c'est sûr, et puis j'aime bien mon père aussi, mais on ne peut pas vivre comme ça, c'est pas bon pour moi, et c'est mieux que je ne sois plus à la maison, même si je n'en ai pas plus envie que ça, parce que c'est quand même plus normal d'être avec ses parents, dans sa maison. [...]

Mais j'ai besoin de retourner chez moi le week-end, c'est important pour moi et je suis content, je vois mon petit frère et mes parents, mais je souffle un peu quand je reviens ici. En fait, j'aime bien y aller un petit peu, mais j'aime bien revenir ici aussi pour la paix que j'y trouve. [...]

Ma vie elle est comme ça et il faut bien que je fasse avec ça, et pour l'instant ça me va. [...] »

Max, l'enfant qui ne veut pas d'une femme qui joue à être sa mère

Max a 11 ans ; il est placé dans une maison d'enfants depuis un an environ lorsque je le rencontre, ceci après plusieurs placements en famille d'accueil. Il usait ses nourrices qui craquaient les unes après les autres, jusqu'au moment où un juge a enfin entendu et compris sa demande, et y a répondu [2]. Max ne trouve pas son équilibre en famille d'accueil, il ne supporte pas qu'une autre femme fasse ce qu'il attend de sa propre mère ; il préfère être dans une institution, c'est ce qu'il réclame et hurle.

Il exprime, à sa manière, le fait que le placement en famille n'est pas adapté à tous les enfants. Certains s'épanouiront mieux dans un cadre familial, alors que d'autres seront plus à l'aise dans une institution, dans un collectif. Le type de placement proposé reste individuel et lié à chaque situation, ce qui nécessite une écoute attentive de l'enfant et de ses parents.

Voici ce qu'exprime Max :

2. L'histoire de Max est retracée dans *Enfants placés et construction d'historicité*, de Christine Abels-Eber, paru en 2000 chez L'Harmattan, Paris.

> « [...] J'avais besoin d'une maman, pas d'une nourrice, pas d'une femme qui joue à être ma mère, alors que j'avais une mère [...] Maintenant je suis à P. et je vois ma maman le week-end ; ici il n'y a pas une femme qui joue à être ma mère, il y a des éducateurs et des éducatrices, et c'est ce que je voulais. Voilà [...] »

À plusieurs reprises Max est revenu sur ce point dans son récit, et il a dit qu'il se sentait mieux en « pension », et que c'était ce qu'il demandait depuis qu'il était séparé de sa maman ; il ne voulait pas d'une autre famille puisqu'il en avait une, il rejetait d'emblée les nourrices, pris sans doute dans un conflit de loyauté vis-à-vis de sa mère :

> « [...] Comme maman m'avait dit que c'était impossible de rester à la maison, moi, ce que je voulais, c'était d'être en pension, c'était pour pas embêter ma maman, dans un sens, mais je voulais donc être en pension [...] On a été placés chez des nourrices et le seul truc qui m'énervait c'était que je sois séparé de ma maman, rien ne peut aller alors, parce que de toute façon, je l'ai toujours dit, ma vie c'était pas placé en nourrice, c'était ce que je détestais le plus, c'était pas normal, quoi ; et pour moi c'est normal que je sois chez mes parents le week-end, c'est normal que je me sente bien quand je suis chez moi [...] Et puis je prouve que ma maman c'est une mère, que ce n'est pas une nourrice, j'ai toujours fait la comparaison ; mais ça s'est pas tout à fait passé comme ça, et puis c'est comme ça, rien ne pourra le changer, rien, c'est du passé [...] »

Comme la plupart des enfants que j'ai rencontrés, Max n'a pas compris ce qui lui était arrivé, pourquoi on l'avait séparé de sa maman, et pourquoi lui et ses frères étaient placés alors que ses sœurs étaient restées vivre avec leur mère :

> « [...] Je ne comprenais pas ce qui m'arrivait et pourquoi on nous avait séparés de notre mère ; ma maman, c'est pas elle qui m'aurait fait du mal, alors je ne comprenais rien. Je connais trop bien ma maman, elle aime trop ses enfants, et en fait c'est ça, elle nous aime trop. Elle m'a placé parce qu'elle était obligée, et ça j'en suis à peu près sûr, c'est tout, elle était obligée, mais le problème, c'est que je ne sais pas pourquoi elle a été obligée.

Je n'ai rien à reprocher à ma maman, elle est trop gentille maman, elle est importante ; je ne sais pas moi ce qui m'est arrivé [...] J'étais tout petit quand je suis parti, j'ai trouvé ça tout drôle, et puis quand on est petit, on ne cherche pas à savoir, on ne comprend pas ; quand j'ai commencé à grandir, c'est là que je me suis posé des questions, parce que quand même, j'allais pas rester tout le temps sans savoir [...] »

Lorsqu'à la fin de son récit, Max fait le bilan de sa vie, il dit :

« [...] Ce qui m'a fait douloureux, c'est quand je suis parti de chez moi la première fois, sans ma maman, pas ma maman, mais vous savez il y a pas trente-six façons de s'exprimer, j'ai vécu avec ma maman, mon père, mes frères et mes sœurs, et après pour moi plus rien n'a été, c'était pas normal que je sois séparé d'eux. Ce que je peux dire c'est que, ouais, j'ai vécu une vie pas très facile, pour moi j'ai vécu une guerre, parce que c'est une maman que je voulais, pas une nourrice [...] et puis le mal il a été fait dans un sens ; on ne pourra jamais réparer ça, c'est trop tard, je ne voudrais même pas en parler du mal qu'on m'a fait, j'aurais peur d'avoir mal à la tête [...] Si j'en faisais un conte, un résumé, je dirais que j'ai eu une vie bouleversée et que j'ai quand même récupéré, et quand j'arrive chez moi le week-end, je me sens à l'aise. Ouais, j'ai vécu une vie pas très facile ; c'est pas comme ça que je la voulais ma vie, mais il faut bien que je fasse avec ça alors que j'ai rien demandé de tout ça et que je ne voulais pas du tout ça. Mais le terme que j'ai envie de dire c'est que je me suis battu. C'est pas facile pour moi une vie comme ça ; mais je crois que je comprends mieux maintenant, car d'en parler avec vous ça m'aide à comprendre et à voir plus clair[...] »

Lorsque je demande à Max s'il partage tout cela avec ses éducateurs, il me répond :

« [...] Non, c'est pas obligé que je leur dise [...] de toute façon ils doivent savoir pourquoi je suis là, mais je ne sais pas, et puis le mal il a été fait dans un sens, ils peuvent rien, mais ça pourrait me soulager un peu. Mais tu vois, ça se passe pas si bien que ça, le week-end, chez ma maman, mais je veux pas leur dire parce que pour mon bien ils vont me dire « t'as qu'à plus y retourner », ou « tu iras tous les quinze jours », alors que c'est pas ça que je demande, moi je

> voudrais qu'on aide ma maman pour que ça se passe mieux parce qu'elle ne sait pas toujours bien faire. Mais moi je dis rien, je veux pas qu'ils en parlent entre eux, tu sais souvent ils répètent tout ce qu'on leur dit parce qu'ils vont aux réunions de synthèse, il y a des choses qui vaut mieux pas dire à cause des synthèses où ils vont en parler. Même si eux ils font ça pour leur travail, et pour notre bien, et bien souvent c'est du mal que ça nous fait, alors vaut mieux se taire quelquefois, ça il y a longtemps que j'ai compris, et pourtant je voudrais bien qu'on aide ma maman pour le week-end [...] »

Ces dernières phrases de Max nous disent à quel point l'action éducative peut parfois aller plus dans le sens de l'assujettissement de la personne que de son émancipation. Agir au nom du « souverain bien » pour l'autre peut être désastreux et aliénant ; en effet peut-on savoir et décider de ce qui est bon et positif pour l'autre, à sa place ?

Max nous montre clairement ce dont il a besoin, ce dont sa maman a besoin, mais qui ne peut se dire au risque de se retourner contre lui, contre eux. J'ai trouvé cela terrible, parce que c'est peut-être justement là que pourrait se situer notre rôle d'accompagnateur de cette mère et de son enfant, afin que le lien se renforce et non qu'il s'étiole et rompe par usure.

Cet enfant semble se retrouver dans un rôle de parent de son parent, et bien seul et impuissant face à une telle tâche. N'est-ce pas une violence supplémentaire qu'il subit ?

> « Combien y a-t-il de pères et de mères perdus car ils ne savent pas, ils ne savent plus comment éduquer leurs enfants, ils ne comprennent rien [3] ? »

De l'enfant aux parents

Ce type de propos tenus par des enfants séparés de leurs parents a développé mon désir de rencontrer des parents dont l'enfant est placé afin de mieux comprendre ce qui peut inhiber et invalider certains parents dans leurs fonctions parentales.

3. E. Enriquez, C. Haroche, *La face obscure des démocraties modernes*, *op. cit.*, p. 89.

Le docteur Titran [4], dans son ouvrage *Vies de familles*, précise qu'il « est illusoire de vouloir aider les enfants sans soulager la souffrance des parents [...] car dès que nous diminuons l'angoisse de la mère, l'enfant va mieux ».

À l'écoute de ces enfants exprimant leur désir de vivre avec leurs parents ou de les retrouver malgré les difficultés réelles – « Ma maman elle n'y arrive pas toute seule, je crois qu'il faudrait lui montrer comment faire, elle ne sait pas bien faire... » –, j'ai ressenti le besoin de comprendre ce que pouvait être la vie de parents dont l'enfant est placé.

Leur permettre de témoigner de cette expérience difficile, en leur donnant la parole, à eux, dont la voix est si peu entendue, si peu reconnue, me semble être le meilleur accès à leur vécu, sans le déformer.

Ces parents qui « occupent des places incertaines, fragiles, qu'ils ont difficilement réussi à sauvegarder », témoignent de leur parcours chargé de rencontres et d'événements négatifs mais aussi positifs.

Dans leur récit, ils évoquent *la force destructrice* de l'action de certains travailleurs sociaux qui les ont enfoncés encore un peu plus, dévalorisés, humiliés parfois, et *l'impact positif et constructif* d'autres professionnels qui leur ont permis de s'en sortir, de retrouver leur dignité et leur place de parents, et d'en être arrivés là où ils en sont aujourd'hui, des parents « ordinaires », presque comme les autres, car certaines blessures restent difficiles à cicatriser.

Ces travailleurs sociaux remarquables, qui doivent tenter de réparer, recoller, repriser ce que leurs propres collègues ont déchiré, cassé, brisé, avec indifférence, insouciance, inconscience, à leur insu parfois, sont heureusement nombreux, mais, même si cela peut étonner, ils semblent parfois déranger.

C'est stupéfiant, mais c'est pourtant une réalité, que ces témoins directs, des parents, nous font découvrir, eux qui se sont sentis considérés comme les « objets » des services sociaux qui avaient pour mission de les accompagner.

> « La recherche menée à partir des entretiens avec des parents permet effectivement de mettre au jour ce que vivent ces acteurs quotidiennement, de leur donner une parole qu'ils ne prennent pratiquement jamais et, par là, de contribuer à

4. M. Titran et T. Potekov, *Vies de familles*, *op. cit.*

défendre leur cause en dévoilant leur souffrance et leur interprétation subjective de l'intervention concernant leurs enfants. L'entretien se présente comme un instrument privilégié pour dénoncer, de l'intérieur, les préjugés sociaux, les pratiques productives de discrimination ou d'exclusion et les iniquités dont peuvent faire l'objet certains groupes sociaux [5]. »

Paroles de mères, paroles de femmes

C'est maintenant à deux mères, Cathy et Marie, que je souhaite donner la parole.

Cathy a mis six ans pour « récupérer » sa petite fille. Elle est actuellement fondatrice et présidente d'une association qui défend les droits de parents dont l'enfant est ou va être placé.

Marie est une mère de trois enfants qui, après s'être battue, a retrouvé ses enfants, un travail et une vie de famille ordinaire. Elle soutient une jeune femme pour lui éviter de vivre ce qu'elle a vécu, le placement de son enfant et l'isolement affectif et social.

Marie et sa fille, Dorothée, m'ont suggéré d'entendre la version de l'assistante sociale, Anne, qui les a accompagnées et leur a permis, avec patience, bon sens et intelligence, de retrouver cet équilibre perdu, ainsi que celle de l'assistante maternelle, Line, qui, indirectement, a aidé mère et fille à se retrouver.

Ce sont des récits croisés qui ouvrent sur plusieurs regards, plusieurs versions d'une même situation, et permettent d'en cerner les diverses facettes et les convergences.

J'ai rencontré Cathy et Marie, chacune dans leur région, puis j'ai recueilli leur récit, après leur avoir présenté mon projet, avec leur accord pour que leur récit soit publié. Elles ont souhaité que soit respecté l'anonymat. Les noms, prénoms, lieux et certains événements ont été changés.

L'intérêt pour ces mères n'était pas que l'on parle d'elles, mais que leur expérience soit mise au jour, ne soit pas mise en doute d'emblée mais reconnue comme vraie, et surtout qu'elle puisse servir à d'autres parents en les éclairant, afin que leur soit épargné ce qu'elles-mêmes ont dû vivre et supporter.

J'ai enregistré ou écrit (Cathy ne souhaitant pas être enregistrée) les entretiens, puis je les ai retranscrits et les leur ai envoyés

---

5 . I. Delens-Ravier, *Le placement d'enfants et les familles*, *op. cit.*, p. 17.

pour qu'elles y fassent des corrections si elles le souhaitaient. Cathy n'a rien repris, mais Marie et sa fille ont fait quelques retouches. Tout ceci s'est fait par courrier, échanges téléphoniques, ou lors de rencontres à leur domicile ou ailleurs.

Les récits de Cathy et de Marie rassemblent l'ensemble des difficultés que peuvent vivre un certain nombre de parents suivis par des services sociaux. Ils m'ont semblé significatifs et porteurs des différentes étapes traversées par d'autres parents rencontrés.

Marie a lu son récit à ses trois enfants, qui ont été surpris et étonnés d'entendre cette version qu'ils n'avaient jamais entendue. Marie a toujours veillé à protéger ses enfants en gardant pour elle ses souffrances et ses galères. Ce fut un moment fort dans leur vie familiale, m'ont dit Marie et surtout Dorothée, sa fille.

Ce récit que Marie transmet, confie et socialise à ses enfants les conduit à regarder et à considérer autrement leur mère, et à la décharger du poids qu'ils lui faisaient porter sur les épaules, poids de l'unique responsabilité de ce qu'avait été leur vie. Ils ont pu regarder autrement ce qu'avaient été les conditions de vie de leur mère et le déroulement de leur vie d'enfant ; ils ont ainsi mieux compris pourquoi ils avaient été placés.

Je présenterai ces extraits sans les « interrompre » par mon analyse ; les auteurs de ces récits font eux-mêmes une très bonne analyse de leur parcours, et je laisse chacun d'entre nous face à ce qu'il ressent, à ce qu'il en comprend, au sens qu'il peut y mettre, à ce qu'il peut accepter ou rejeter. Car ces récits dérangent, bousculent et ne peuvent nous laisser indifférents ; cependant, ils ont le mérite d'être authentiques.

Je me suis laissé guider par ces témoignages afin de mieux comprendre ce que peut ressentir un parent dont l'enfant est placé, et ce que peut être la vie de certains parents d'enfant placé.

Le récit fut « l'occasion de dire et d'entendre ce qui d'habitude ne peut l'être. Pour les parents, parler de leur histoire personnelle c'est en quelque sorte sortir de cette histoire et entrer dans une dynamique sociale ; c'est réaliser qu'ils ne sont pas seuls à se débattre et qu'une parole individuelle devenant collective peut contribuer à faire évoluer les mentalités et donc être source de changement social [6] ».

6. I. Delens-Ravier, *ibid.*

« On est étonné d'apprendre tant de choses. Mais alors, c'est que ces parents n'avaient pas encore été écoutés ?
– Eh non.

Mais alors, c'est que le placement était intervenu sans qu'on les ait véritablement entendus ?
– Eh oui.

Mais alors c'est qu'ils ont encore des choses à dire ?
– Eh bien écoutez... »

J. Fierens
dans la préface du livre de I. Delens-Ravier,
Le placement d'enfants et les familles, Éd. Jeunesse et droit, 2000

2

Cathy :
« La descente aux enfers »

J'ai rencontré Cathy au siège de l'association dont elle est fondatrice et présidente.

J'avais entendu parler de Cathy à plusieurs reprises par des travailleurs sociaux et par des étudiants de l'ITS de Tours (Institut du travail social), qui connaissaient son action. Mais j'ai surtout été marquée par un texte qui apparaît au début du livret de présentation de son association, dont voici un extrait :

> À l'âge de 10 mois, ma fille a été placée à l'Aide sociale à l'enfance, et ce pendant six ans.
> À l'époque, je vivais très mal cette séparation qui me laissait penser que j'étais une mauvaise mère, « incapable et irresponsable », et qu'une famille d'accueil serait meilleure que moi.
> Après un dur combat, seule, face à moi-même, aux travailleurs sociaux et à l'administration, ma fille m'a été rendue.
> C'est pour cette raison que j'ai décidé de créer cette association [...] afin d'apporter aux parents l'aide que j'avais tant attendue...
> Rien n'est perdu d'avance.

Battez-vous en faisant respecter vos droits sans oublier vos devoirs de parents.

C'est ce texte qui m'a poussée à rencontrer cette femme qui a été mère d'une enfant placée et qui a dû se battre pour vivre à nouveau avec elle.

Je dois préciser que j'ai choisi une posture d'écoute ; en effet, je n'ai retenu que les éléments exprimés par Cathy, et je n'ai pas cherché à avoir d'autres informations sur sa vie antérieure ni sur sa vie de couple avec le père de sa fille que celles qu'elle m'a confiées.

Je n'ai pas souhaité en savoir plus, je n'étais pas dans le cadre d'une enquête sociale. Je suis là avec mon désir de comprendre ce qu'a vécu Cathy, le sens et l'interprétation qu'elle donne à son parcours, à son vécu. C'est son témoignage qui me semble important et digne d'intérêt, celui d'un sujet, auteur de son récit.

Voici le récit d'une tranche de vie de Cathy, celle qui concerne la période du placement de sa plus jeune fille, même si Cathy voyage un peu dans sa vie et fait elle-même des liens avec son enfance, avec son passé.

*

* *

Cathy a trois enfants d'un premier mariage ; ceux-ci sont restés vivre avec leur père afin de ne pas quitter la maison familiale, lors du divorce de leurs parents.

Elle travaille comme secrétaire médicale et a une autre petite fille d'une seconde union, Alice, qui a fait l'objet d'un placement à 10 mois.

Voici quelques éléments du récit que Cathy m'a confié avec beaucoup d'authenticité, de passion, voire de militantisme :

> « [...] Alice a 10 mois, et un soir, en rentrant du travail, je trouve un mot sur la table sur lequel son père me dit qu'il emmène la petite à la brigade des mineurs. Il y avait des problèmes dans notre couple, ça n'allait pas, et je pense qu'il a fait ça par vengeance. J'ai couru comme une folle à la brigade des mineurs, vous imaginez dans quel état j'étais, et là on m'a dit : « Comme vous avez des problèmes, il vaut mieux la placer pour ce soir », et ils l'ont placée dans une

famille d'accueil. Je pensais que c'était pour la nuit seulement, mais ça a duré plus de cinq ans !
J'étais abattue, je ne comprenais rien à ce qui m'arrivait et je ne mesurais pas ce que tout ça voulait dire. Le père, celui qui a fait ça, il s'est ensuite totalement désintéressé de sa fille. [...]
Je vais commencer par rappeler *qu'un placement qui n'a pas lieu d'être au départ devient la descente aux enfers des parents, descente aux enfers qui justifie alors le placement.* C'est un cercle vicieux et ça il faut le savoir et le dire.
Je voulais récupérer ma fille, je le criais, mais pour cela, j'étais obligée de rencontrer régulièrement une éducatrice. Cette première éducatrice a créé chez moi des désirs de mort, j'avais envie de l'écraser avec ma voiture. Je vais vous dire pourquoi des travailleurs sociaux peuvent provoquer de tels désirs chez des parents et jusqu'où ils peuvent aller parfois. Cette première éducatrice [...] me convoquait tous les deux, trois mois pour faire le point, toujours ça, faire le point, mais c'est quoi faire le point ?
Et le point sur quoi ?
Puisqu'elle n'avait fait aucune action, aucune démarche entre-temps, alors on répétait toujours la même chose, et rien ne se passait, rien n'avançait, on tournait en rond. Non seulement elle ne faisait rien, mais le plus grave c'est qu'elle me convoquait pendant mes heures de travail ; c'est presque impensable, mais elle me convoquait à 14 heures alors que je travaillais jusqu'à 16 heures, j'en ai perdu mon emploi [...]
Je voulais tellement retrouver ma petite fille que j'essayais de répondre à ce qu'elle me demandait, et à force de tirer sur les heures de boulot, eh bien je l'ai perdu.
En plus elle faisait des rapports mensongers au juge pour dire que je ne venais pas aux convocations, alors que j'y venais et qu'elle ne voulait pas me recevoir parce que j'étais en retard. C'était à devenir fou, et je crois les parents qui me disent que certains travailleurs sociaux mentent parfois, car je l'ai moi-même vécu.
Suite à ça, je faisais mettre un tampon sur mes convocations par la secrétaire pour bien dire que j'étais venue, j'allais le montrer au juge et je lui disais : « Je suis venue, elle ne m'a pas reçue, elle me faisait poireauter... »

Mais on peut se demander à quoi ça lui servait de faire ça. J'en suis arrivée à me dire : « Ils racontent des conneries sur vous qu'en plus, ils écrivent dans leur rapport, mais pourquoi ? »
J'en arrive à me dire que ça leur sert à maintenir l'enfant placé, car si tous les enfants placés retournaient chez eux, ils seraient au chômage ! Et puis, pour certains, le fait de nous « écraser » ça justifie leur travail, ça nous met dans la dépendance, on est obligés de passer par eux, on a besoin d'eux pour qu'on daigne nous redonner notre enfant, et avec nous ils se sentent utiles. [...]
Et puis on ne peut rien dire, car si moi je dis quelque chose, ça va encore m'enfoncer, car elle faisait des rapports, elle, en tant qu'éducatrice.
On vous dépossède totalement de votre enfant, et je vais vous en donner un exemple. Ma famille ne voulait plus me voir, mais cette éducatrice a accordé pour Noël, sans même me consulter, un droit de sortie à ma mère, qui a reçu ma fille, qu'elle ne connaissait pas. La gamine fut perturbée, elle s'est mise à faire pipi au lit. Vous voyez, ce que cette professionnelle a fait dans mon dos, sans m'en parler ni me demander mon avis, est vraiment honteux.
Avec tout ça, au fil du temps, j'ai tout perdu, j'ai perdu mon travail, et voilà, perte de travail donc refuge dans l'alcool, puis SDF, je vivais dans ma voiture, c'était la déchéance, ce fut une période terrible.
Je me détestais car je me disais que tout était de ma faute ; j'étais violente, c'est vrai, je pensais que j'avais fait tout de travers ; vous savez, c'est comme Pretty Woman qui dit que « quand toute la vie on vous dit que vous êtes une merde, vous finissez par le croire et vous en devenez une » ; c'est là que j'en étais.
Dans la rue, j'ai fait des rencontres positives avec des gens que j'ai croisés, dont une rencontre avec une psychiatre qui se proposait de m'aider, mais je n'étais pas prête à ce moment-là. Un peu plus tard, je suis allée chez une psychologue, qui m'a aidée à me ressourcer car je n'avais vraiment pas une bonne image de moi, je me sentais minable.
J'ai pris en main mon alcoolisme ; je n'ai pris aucun médicament et j'en suis fière. Je suis partie en Ardèche pendant

deux mois car il fallait que je m'en sorte ; j'ai réappris à être femme, à me structurer ; tout est reparti à ce moment-là. [...] De plus, j'étais seule, bien que j'aie une grande famille ; mais elle m'avait fermé ses portes, sauf un de mes frères et sa femme, mais je n'étais pas prête au moment où ils me le proposaient. Je faisais honte à ma famille, ils avaient honte de moi, mais moi aussi j'avais honte de tout ça, j'avais honte de moi, de ce que j'étais devenue.

Après l'Ardèche, ce fut impeccable, parce que j'ai réalisé que tout n'était pas de ma faute, c'était 50/50, car on était deux dans le couple, il y avait aussi le père, même s'il n'a revu sa fille que deux fois, dont une fois à 4 ans à la sortie de l'école pour lui présenter son petit frère ! [...]

Pendant quatre ans, j'ai donc eu la même éducatrice spécialisée, oui, spécialisée, je vous le dis, mais en quoi ?

S'ils peuvent vous enfoncer, ils le font, ils vous détruisent ; on vous convoque une fois tous les deux ou trois mois pour faire le point, encore le point, et ils ne font strictement rien entre-temps.

J'étais révoltée et j'en parlais avec ma psy. Elle m'a dit que je pouvais demander à changer d'éducatrice, ce que je ne savais pas et ce à quoi je n'aurais même pas eu l'idée de penser. J'ai écrit à l'inspectrice et j'ai été convoquée. [...] J'ai rencontré une inspectrice géniale ; j'ai pu lui dire tout ce que cette éducatrice me faisait vivre, et je lui ai demandé d'en changer, et elle m'a entendue car *elle m'a crue*. J'ai également pu dire à cette éducatrice que pour elle nous ne sommes que des numéros de dossier dont, en plus, elle a besoin pour vivre et se nourrir. [...]

Vous savez, c'est grave, mais on a envie d'abandonner son enfant à un moment donné, à cause de tels professionnels. Ils peuvent nous conduire à en arriver à de telles idées. Je me suis dit parfois : « Mais qu'ils se la gardent, ils me font trop chier. » Je me désintéressais de ma fille, car j'étais de toute façon une mauvaise mère, il n'y a que ça qu'on me renvoyait en pleine figure. Lorsque je pensais à ma fille ou que j'en parlais, c'était toujours pour recevoir cette mauvaise image de moi en pleine face. J'en arrivais à vouloir l'oublier et ne plus vouloir en entendre parler. Voilà jusqu'où ça peut vous conduire.

J'ai eu une deuxième éducatrice, bien, très bien celle-là, car elle a été très patiente avec moi, et comme l'inspectrice, elle m'a crue. Je me suis dit : « Enfin on me croit » ; c'est là que j'ai pu commencer à vouloir m'en sortir et à avancer [...].

Les liens avec ma fille étaient pratiquement coupés. Avec cette éducatrice on allait au parc [...]. Il n'y avait presque plus rien entre ma fille et moi, il n'y avait plus de liens. Elle avait 4 ans, et au parc elle jouait pendant que moi je lisais. Je n'en avais plus rien à faire, alors que ça aurait dû être un moment intense.
Les liens ont mis deux ans à se reconstruire, à se recréer. Cette éducatrice a su nous aider, elle était patiente, très patiente, et elle a été très professionnelle ; elle nous laissait seules, nous observait, et me disait ce qu'elle voyait et ce qu'elle en comprenait. Elle ne m'a jamais jugée, elle m'a seulement guidée et elle a vu avec moi ce qu'il fallait améliorer pour que la relation revienne entre ma fille et moi.
Ma psychologue aussi était formidable. Au début, quand je lui racontais mon parcours, [...] je me disais : « Elle me croit ou pas ? » On en a parlé, et j'ai compris qu'elle était étonnée par ma vie et surtout par ce que je suis devenue, par le fait que je m'en sois sortie ainsi ; et ça c'est plus encourageant que ceux qui vous enfoncent sans arrêt.
Alice était aussi suivie par un psy, seule, et avec moi, car on faisait une thérapie familiale. Le psy était un médiateur, il reformulait ce que moi je disais avec mes mots de parents ; elle entendait et comprenait ce qu'elle voulait, et lui, il me guidait.

Je suis allée vivre chez ma mère pendant un an et demi, et je prenais Alice le week-end. À un moment donné, le placement n'avait plus lieu d'être, alors j'ai repris ma fille quand elle avait 6 ans.
Il y a eu une AEMO [1] pendant un an avec une assistante sociale formidable. J'étais encore dans la violence et la révolte vis-à-vis des éducateurs. Elle a su me canaliser, m'apaiser, m'écouter, car j'étais toujours sur mes gardes.
En AEMO on peut appeler quand on a envie et besoin de parler, et elle, elle se montrait disponible et m'écoutait.

1. AEMO : action éducative en milieu ouvert.

Lorsque je l'appelais et qu'elle n'était pas disponible sur-le-champ, elle me rappelait toujours.
Chacune, ma fille et moi, avait son psy, et cet accompagnement en AEMO a duré un an, un an durant lequel on n'était pas seules. On se sent guidées et sécurisées, car se retrouver à vivre ensemble après cinq ans de séparation, ce n'est pas simple. J'ai même demandé un prolongement d'un an de la mesure d'AEMO ; le juge a accepté et j'ai continué avec mon AS [2] formidable ; d'ailleurs on garde toujours des liens et elle vient aux colloques que l'association organise.
C'est donc après ce parcours du combattant que j'ai voulu créer cette association.
Ma fille aînée, elle aussi, m'a aidée à m'en sortir, car elle ne comprenait pas que je sois tombée si bas. [...] Mais à ce moment-là, je n'étais pas sur les bonnes marches, car celles sur lesquelles j'étais n'étaient pas très solides, et il faut être prêt pour vouloir s'en sortir, il faut que ce soit assez solide pour résister. Je n'étais pas encore prête et pour en avoir envie, *il faut avoir les bons mots des autres, se sentir compris et estimé.*
On a besoin de compréhension de la part des autres, et de réaliser qu'on n'est pas qu'une merde, ni seulement des parents mauvais.
On nous fait parfois tellement sentir qu'on est mauvais parents qu'on le devient, et heureusement que ma petite fille était placée à ce moment-là, car comme je l'ai déjà dit, un placement qui n'a pas lieu d'être au début devient la descente aux enfers des parents qui justifie le placement, parce qu'à une période, j'étais descendue tellement bas que je n'étais plus capable d'être mère, que je ne pouvais pas être une bonne mère pour ma fille, que je ne pouvais pas m'en occuper correctement, et, à cette période-là, il est sûr qu'elle était mieux dans sa famille d'accueil.

La famille d'accueil, je la haïssais au début, elle me prenait ma gamine quand même, pourtant elle n'était pas responsable ; « bonjour, bonsoir », c'est tout ce qu'on se disait, c'est tout, et elle m'avait même engueulée une fois [...] ; c'était encore la période où j'étais suivie par la première éducatrice,

2. AS : assistante sociale.

mais la deuxième éducatrice a permis que tout change, elle m'a écoutée, entendue et dit mes droits.
Je découvrais que même les parents d'enfants placés ont des droits, mais ça on ne l'imagine pas et on ne le sait même pas.
L'éducatrice m'a dit : « Vous pouvez aller chez le médecin, vous pouvez aller à l'école, et aux fêtes de l'école, c'est votre enfant… ». Alors j'allais à la visite chez le médecin, j'allais à l'école, et c'est comme ça que j'ai appris à connaître la nourrice, à la comprendre (pour elle, je ne pouvais être qu'une mauvaise mère, puisque c'est ce que lui laissait entendre la première éducatrice), et j'ai pu alors l'apprécier.
Lorsque ma fille a eu 6 ans, que le juge lui a demandé ce qu'elle voulait, et qu'elle a dit : « Je veux aller chez ma mère », je pense que ça a dû être dur pour la famille d'accueil.
J'ai toujours préservé son passé, elle allait comme elle voulait chez sa tata, qu'elle a d'ailleurs toujours besoin de voir. Elle y va encore quand elle veut, elle s'arrange avec sa tata. J'ai toujours gardé des contacts avec elle ; c'est son histoire, je la respecte et on en a toujours parlé toutes les deux. […]

Je disais donc que je préserve le passé d'Alice ; mais j'ai aussi toujours protégé l'image de son père, je ne lui ai jamais dit du mal de son père. J'ai tout fait pour qu'elle garde des contacts avec lui, au moins des contacts téléphoniques ; elle pouvait lui parler, c'était ses moments à elle. Mais elle ne l'a vu que quatre fois dans sa jeunesse, et il est décédé maintenant.
Je lui en ai pourtant voulu à lui, mais je lui ai pardonné, on peut pardonner quand on n'a pas fait le mal, c'est plus facile. C'est pour ma fille que j'y suis arrivée. […]
On allait tous les ans chez sa grand-mère paternelle ; elle voulait rencontrer sa petite-fille, qu'elle n'avait pas revue depuis son placement, depuis cinq ans, et elle voulait que je vienne avec elle.
Je voulais protéger ma fille pour que le travail que nous avions fait ensemble ne soit pas détruit par d'autres, et j'acceptais donc d'aller avec elle.
Si Alice est heureuse, je suis heureuse, et je sais qu'elle est fière de moi, et surtout de ce que je fais dans cette association. […]

Ma famille m'avait rejetée à cause de mon divorce ; tout ça pour des raisons religieuses, alors que normalement dans la religion on ne juge pas. Mais maintenant, ils sont fiers de moi.
On te renie, c'est comme ça dans cette famille, il n'y a pas de communication, on ne se dit rien. Maintenant ça pleure, ça regrette, mais pas moi ; ils ont des remords, et maintenant c'est dur pour eux. Il vaut mieux être dans le regret que le remords, je les plains.

J'ai quatre enfants, on est solidaires maintenant. Quand ça n'allait pas, on dialoguait autour d'une table ; ils ne m'ont jamais jugée, mais ils ne me comprenaient pas. On s'est parlé, et on a essayé de se comprendre. Mes enfants sont formidables ; je ne peux pas oublier que mes aînés ont connu une vie familiale normale avec leurs parents ; j'étais secrétaire médico-sociale à l'époque, et on ne manquait de rien, ce qui n'a pas empêché la suite, car on n'imagine pas ce qui peut nous arriver.
Ils m'ont fait une belle fête surprise pour mes 50 ans ; ma fille aînée a fait un courrier à toute la famille car elle a dit : « Il ne faut pas attendre un moment triste pour se voir… », et ils sont tous venus. Deux sœurs qui ne me parlaient plus depuis dix-sept ans sont venues. On n'a pas pu discuter, mais il faut qu'elles me disent pourquoi elles se sont comportées ainsi, pourquoi elles ont eu cette attitude de rejet à mon égard, à l'époque où j'avais plutôt besoin d'aide et de soutien. Un seul de mes frères ne m'a jamais fermé sa porte. […]

J'ai un projet pour ma fille Alice, et ce projet c'est qu'elle mène sa barque, je la soutiendrai autant que je le pourrai. Je suis ses béquilles, ses rampes sur lesquelles elle peut s'appuyer, s'agripper aussi longtemps qu'elle en aura besoin. […]

Être la mère d'un enfant placé ce n'est pas rien, on ressent plein de choses et on ne comprend plus rien au moment du placement. Qu'est-ce qui m'arrive ? Pourquoi ? Mais pourquoi ?
Pouvoir aider les autres ensuite, ça m'a aidée moi-même ; ce fut un peu ma thérapie. […]

Je pourrais résumer mon parcours ainsi : je suis une maman qui a réussi à digérer un plat amer, qui l'a mangé, avalé puis

digéré. Je ne suis plus dans la violence, parce que j'étais dans une grande violence verbale quand on m'a enlevé mon enfant, je devenais folle.
On a cru le père et on a mis ma parole en doute sans chercher à savoir ce qu'il en était vraiment ; ça me révoltait.

L'ASE [3] c'est un engrenage, une machine infernale, à bouffer la personnalité des gens ; quand vous mettez le doigt dedans vous êtes bouffé entièrement ; elle vous avale comme une cardeuse, une machine qui, autrefois, mettait en miettes des pulls pour remplir un matelas ; si vous n'avez pas la force ou le réflexe d'enlever le doigt en disant « stop », vous êtes pris et bouffé ; elle vous enlève vos pensées et toutes vos capacités, et vous vous dites : est-ce que je rêve ? Qu'est-ce qui m'arrive ?
C'est vraiment un cauchemar, et plein de questions énormes arrivent à ce moment-là et vous envahissent. [...] »

Cathy termine son récit en nous adressant un message, celui qu'elle tire de sa douloureuse expérience de mère d'une enfant placée et de son activité de présidente d'une association qui soutient et accompagne des parents d'enfants placés en les informant sur leurs droits, mais aussi sur leurs devoirs :

« À la suite de mon récit, j'ai envie de demander aux professionnels :
– de *respecter l'humain* ; tout le monde peut avoir une défaillance, un problème ; mais au lieu d'enfoncer, de juger, commencez, vous-mêmes, par *respecter les lois,* celles de 1984 et de 1986 ;
– de commencer par *nous écouter,* nous, les parents, pour *essayer de comprendre*, et non nous donner des leçons, nous engueuler comme des gamins ; savez-vous mieux faire que nous en tant que parents ? On sait que ce n'est pas toujours facile d'être parent, et ça pour tout le monde ;
– de *travailler avec la famille* et non contre ; si vous ne travaillez pas avec la famille, vous n'êtes plus dans la protection de l'enfant ; vous travaillez contre l'enfant ;
– de *réfléchir sur la délinquance,* car moi je vis au milieu, et je la vis et la vois tous les jours dans mon quartier. Je parle avec

3. ASE : Aide sociale à l'enfance.

ces jeunes ; quand on les voit et qu'on discute avec eux, il y en a bien 70 % qui sortent de l'ASE ou d'institutions spécialisées ; ça pose question quand même ! Qu'est-ce qu'on a fait pour eux ? Quel gâchis ! Ces jeunes sont paumés, et dans la révolte ; ils haïssent la société et la provoquent.
Un jeune me disait il y a peu de temps : « On m'a toujours dit que c'était de sa faute à ma mère, on a toujours dénigré mes parents ; on m'a fait croire que j'étais la cause du divorce de mes parents ; j'ai vu en grandissant que ce n'était pas vrai et ma mère me l'a dit, elle m'a bien expliqué que je n'avais rien à voir dans leurs problèmes et dans leur divorce, et que tout ça c'était leurs affaires à eux, pas les miennes… ».

Vous voyez, ce jeune a le sentiment qu'on lui a menti pour tout, et surtout pour justifier son placement, dont la raison était que ses parents étaient mauvais. Il en veut à la société et ne réagit que dans la provocation ; c'est un jeune très difficile ; et même si je ne suis pas d'accord avec son comportement, je comprends comment il en est arrivé là.
Et j'ai en tête des tas d'exemples d'abus de pouvoir et d'incohérences. Par exemple, cette famille qui a quatre enfants placés dans quatre endroits différents et très éloignés les uns des autres ; ils n'ont pas de voiture. Comment ça va l'aider ? Comment ça peut l'aider ? À quoi ça sert ? Qu'est-ce que ça peut vouloir dire ?

Les parents d'enfants placés ont besoin d'être aidés, ils attendent de l'aide des professionnels, et pour moi, d'après mon expérience, c'est une aide psychologique qui est nécessaire avant tout ; c'est-à-dire un besoin de compréhension, un besoin d'être aidé et non jugé, ils ont besoin d'être crus, besoin de neutralité, car les travailleurs sociaux prennent trop souvent parti, et ça, ce n'est pas professionnel ; d'abord, la plupart du temps, ils n'ont pas assez d'éléments pour se le permettre.
Les parents, quand ils ne sont ni nocifs, ni dangereux pour leur enfant, ont besoin d'être reconnus en tant que parents, cela en participant à la scolarité, en allant chez le médecin, en collaborant avec la famille d'accueil, car c'est leur enfant quand même et on l'oublie trop souvent.
La famille d'accueil est un relais, et il faut qu'on s'accorde sur nos valeurs : école, religion…

C'est dans ce sens-là qu'il faut aider les parents, ce qui facilitera et la vie de l'enfant et celle des parents [...] »

Le récit de Cathy est très engagé et chargé de rancœurs. Elle a ses raisons, celles qui guident et influencent sa version des événements qu'elle a directement vécus, et le sens qu'elle parvient à donner à son parcours de mère d'une enfant placée. Elle témoigne de la manière dont elle a reçu les diverses interventions des professionnels qui sont intervenus dans sa vie.

Il semble difficile d'imaginer que la première éducatrice soit la seule responsable de toutes les difficultés que rencontre Cathy pour retrouver sa fille, car elle fait partie d'un système institutionnel, d'une structure, d'une équipe. Mais certains professionnels arrivent mieux que d'autres à « jongler » avec les différents obstacles auxquels ils se heurtent dans l'accompagnement des personnes auxquelles ils sont confrontés dans leur quotidien, et d'autres n'y parviennent pas.

Les uns sont dans le souci et dans la considération des personnes accompagnées en tant que « sujets » de l'intervention, les autres les maintiennent à une place « d'objets » de l'intervention éducative ou sociale sur lesquels ils tiennent à garder le pouvoir.

C'est bien ce que nous donnent à voir les différents intervenants qui naviguent autour de Cathy et de sa fille, et que confirme le récit suivant, celui de Marie.

3

Marie : « Le parcours du combattant »

À la suite d'un contact téléphonique au cours duquel Marie m'a confirmé son désir de participer à ce travail, nous avons décidé de nous rencontrer. Elle m'a reçue chez elle, et c'est autour d'un café qu'elle m'a confié son parcours de mère. Nous nous sommes revues ensuite avec ses enfants, puis nous avons eu des échanges téléphoniques et épistolaires.

> « C'est un calvaire que j'ai vécu, un véritable calvaire. J'ai vécu le manque de mes enfants comme si c'était une partie de moi-même qu'on m'enlevait, il me manquait quelque chose d'essentiel. Tout a commencé à la naissance de Jean, qui a 27 ans aujourd'hui. J'ai fait une dépression quand il est né, et c'est à partir de là que ça a commencé, car Jean a dû aller chez ses grands-parents, mes parents à moi […] Puis, j'ai rencontré quelqu'un d'autre, le père de ma fille, mais ça n'a pas marché.
>
> Quand Dorothée est née, je vivais toujours avec le manque de Jean, mon fils aîné, qui n'était pas là. Dorothée est restée avec moi jusqu'à l'âge de 11 ans, alors que Jean a toujours été chez ses grands-parents. Normalement, j'aurais dû avoir droit de veto sur toutes les décisions qui ont été prises, mais

ma mère m'a complètement évincée de la vie de mon fils. Jusqu'à ce qu'il ait 14 ans, je suis passée aux yeux de mon fils pour une moins que rien ; mon fils m'aurait croisée dans la rue, il m'aurait craché à la figure. Il ne fallait surtout pas que je me pointe à la maison, chez ma mère, je serais restée sur le paillasson.
La décision avait été prise par le juge des enfants de l'époque. [...] Je l'ai très mal vécu ; mais j'avais toujours des nouvelles de mon fils par l'intermédiaire de mon père, qui venait régulièrement me voir. [...]
Jean ne venait pas du tout chez nous, sa grand-mère ne voulait pas. Mais, vous savez, l'année où Jean est né, elle a perdu son plus jeune fils dans un accident de Mobylette, il avait 17 ans ; mon frère est décédé à 17 ans, en juin, et Jean est né en octobre de la même année, alors il a pris la place vide.
Sur le coup, quand il était bébé, je n'ai pas trop réagi parce que j'étais ailleurs avec ma dépression. Je n'ai pas réagi, et c'est là que j'aurais dû réagir, mais je n'ai pas pu, j'étais en dépression, seule dans ma dépression.

J'ai vécu seule avec mes enfants, même pour Damien qui est le troisième, car son père était là, mais il n'aurait pas été là, ça aurait été exactement la même chose.
Comme il y a beaucoup d'écart entre eux ils ont chacun pratiquement été élevés comme des enfants uniques. Entre Dorothée et Jean, il n'y a pas trop d'écart, mais comme ils ont été élevés séparément, ils ont grandi comme des enfants uniques, chacun de leur côté.
Et puis, Dorothée s'est retrouvée placée, pas par ma faute, mais par celle de son père, parce qu'à un moment donné, elle a exprimé le désir d'aller voir son père, qu'elle voyait peu. Elle le voyait de temps en temps, disons qu'il exerçait son droit de visite. Un jour, lorsqu'elle avait 11 ans, elle a exprimé le désir d'aller vivre chez lui ; mais ça s'est très mal passé, je l'avais pourtant mise en garde, et elle en est revenue [...].
Normalement j'avais un droit de visite chez son père ; malgré cela, il ne voulait pas que j'y aille, et comme elle était au collège à Saint-P., je la voyais par l'intermédiaire de l'assistante sociale du collège [...] ; elle m'aidait toujours à voir ma fille, ainsi je pouvais garder un contact avec elle.

Et puis un jour je me suis inquiétée car ma fille avait drôlement maigri ; j'en ai parlé avec l'assistante sociale, qui a fait une enquête. Elle pouvait bien avoir maigri, ma pauvre Dorothée, car chez son père, elle ne mangeait pas. Chez son père, il y avait la belle-mère qui ne la supportait pas, et ses enfants.
Avec l'AS [1] on a vu qu'il fallait faire quelque chose ; moi de mon côté, sans rien dire à son père, je l'ai signalé à l'éducatrice de l'ASE qui suivait Dorothée, car il était hors de question que ma gamine reste comme ça. J'ai décidé de payer la cantine, car elle rentrait chez son père le midi, sa belle-mère ne voulant pas payer la cantine ; donc, je me suis arrangée avec l'AS pour qu'elle mange un repas de cantine à 11 heures, avant les autres et avant de sortir de l'école pour aller chez son père. Mais on l'a quand même laissée chez son père, allez y comprendre quelque chose !
Mais un jour, là, j'avoue que je n'ai pas tout compris, je ne sais pas comment elle a fait, il y a dû y avoir une goutte d'eau qui a fait déborder le vase, il a dû se passer quelque chose, mais je n'ai jamais su, et Dorothée n'est toujours pas prête à m'en parler. Voilà, un jour Dorothée a pris le mors aux dents, et une nuit, elle est partie de chez son père en chemise de nuit, elle a croisé des policiers et puis elle leur a dit qu'elle s'était sauvée de chez son père parce qu'il ne voulait pas lui donner à manger, et c'est de là qu'elle s'est retrouvée à C.
Alors là, moi j'ai repris le dessus, et je dois dire que même aujourd'hui, à C., ils doivent se souvenir de moi, car tous les dimanches, systématiquement, tous les dimanches, j'étais à C., qu'il pleuve, qu'il neige, qu'il fasse beau, tous les dimanches, j'étais à C., et pourtant j'habitais M. à l'époque, ce n'était pas tout près et pas facile d'y aller.
Au bout d'une année, ils avaient prévu de la mettre dans un foyer éloigné, alors là, ça n'a pas été tout seul, je l'ai encore ouverte bien grande, et j'ai crié, crié…
C'est pour ça que je vous dis que c'est un calvaire, parce qu'il faut en faire des pieds et des mains pour défendre ce qu'on veut, pour se faire entendre. Il me fallait faire la preuve que ce n'était pas moi qui étais responsable de tout ce qui se passait pour Dorothée, parce que, parallèlement, il y avait

1. AS : assistante sociale.

l'enquête de gendarmerie au sujet de la maltraitance que Dorothée avait subie [...]. Je n'y étais pour rien puisque c'était chez son père ; mais ce qui m'a sauvée, c'est le témoignage de l'AS du collège.
Le rythme n'était pas mal à l'époque, une journée j'étais à la gendarmerie à M., une journée j'étais au collège à Saint-P., c'était ça tous les après-midi, et en plus, j'avais Damien qui était tout petit, mais il suivait, le petit, et je travaillais en supplément le soir, entre 17 heures et 22 heures à l'hôpital de M. tous les soirs, dimanches compris, ainsi que les jours de fêtes, car chez les vieux il n'y a pas de dimanche, il n'y a pas de fêtes, il n'y a rien, ils sont toujours là. Dorothée n'est pas allée au foyer car ils se sont dit : « Puisque la mère fait un foin pas possible, on va trouver une autre solution. » Ça s'est passé entre le juge et l'assistante sociale. C'est pour ça que je peux vous dire qu'il faut ramer, c'est pour ça que je peux vous dire que pour moi ça été un calvaire, parce qu'il faut en faire des pieds et des mains quand on a un enfant suivi par les services sociaux, il faut montrer patte blanche, et il y a des fois où je vous jure que j'en aurais bien pris un pour taper sur l'autre, que ce soient les travailleurs sociaux, les éducateurs, l'assistante sociale, ou les gendarmes... Et il fallait qu'il n'y ait pas de défauts ; pourtant, Dieu sait si j'en ai des défauts, mais il fallait que je sois parfaite et il fallait que tout soit rectiligne ; et, en plus, il fallait que le discours soit le même pour tous, alors si par malheur on disait une parole de travers ! Il fallait faire attention à tout ce qu'on faisait, à tout ce qu'on disait, et on en arrivait à dire des choses qui n'étaient pas forcément la vérité tellement il fallait faire attention à chaque mot. Mais il fallait batailler, ça il faut batailler pour se défendre, je vous le dis. Dorothée n'est pas revenue chez nous parce qu'on me reprochait d'être trop « soupe au lait ». Il est vrai que j'ai déjà une nature soupe au lait, je monte aussi vite que je redescends, même encore aujourd'hui, et au boulot c'est pareil, c'est-à-dire que si ça ne va pas je gueule un bon coup, après ça va mieux, je règle le problème, et ça y est, on peut redémarrer. J'étais, comment ils disaient ça ? trop imprévisible, oui c'est ça, c'est ce que m'a dit le juge, celui qui a statué dernièrement avec Mme A., « imprévisible, pour ne pas dire lunatique ». Je suis comme ça, lorsque j'ai poussé une gueulante et que je me suis expli-

quée, eh bien ça va mieux ; mais d'après eux, ça ne donne pas un univers stable à mes enfants. Pourtant j'étais tout le temps là à la maison, j'ai toujours été présente, même avec mon travail, même aujourd'hui avec mon boulot de chauffeur routier, car je ne pars jamais plus de deux jours, et c'est Dorothée qui s'occupe de Damien, elle a quand même 21 ans, et elle vit là maintenant, elle est revenue quand elle a été majeure. Elle aurait certainement voulu revenir ici à la sortie de C., mais elle est allée dans la famille d'accueil qu'ils lui ont trouvée près d'ici, chez Mme L. On a eu quelques accrochages avec la nourrice, Mme L., mais très peu, et ça n'a pas duré longtemps, juste le temps de mettre les choses au point. Quand il y avait un problème elle savait qu'elle pouvait venir me voir, qu'on pouvait s'expliquer et qu'on pouvait en parler ; s'il y avait un problème, il fallait le régler. Moi aussi ça m'est arrivé d'aller la voir, de lui téléphoner et de lui dire : « Eh bien voilà, j'ai un problème avec Dorothée, j'aimerais bien qu'on en discute... » On se rencontrait, on discutait, on cherchait une solution. On a fait comme ça tout le temps qu'elle a été chez elle. Ensuite, Dorothée a grandi et il y a eu des élargissements du droit de visite, il y a eu des vacances, c'était différent, et puis il y a eu la remise, la réinsertion au domicile, qui s'est installée progressivement. Mme L. m'a beaucoup aidée, et elle m'a beaucoup appris.

Ce fut la chute quand j'ai pris la décision de recommencer à travailler car je ne travaillais plus à l'époque ; je me suis dit que Damien avait 10 ans et que maintenant je pouvais peut-être essayer de recommencer à travailler. D'abord ça ne plaisait pas à mon mari, parce que je ne serais plus là. [...] J'étais au chômage, mais mes enfants n'ont jamais manqué de nourriture, je me suis toujours débrouillée pour qu'il y ait à manger correctement à la table ; mais il y a eu des fois où il n'y en avait pas beaucoup, il y a eu des moments où c'était dur, c'était « ric-rac », mais ils ont toujours eu à manger, toujours.

Des petits boulots, j'en ai fait à la pelle ; quand j'habitais à M. j'allais chez un petit grand-père que j'aidais pour traire les vaches, faire des tas de choses. Quand il avait besoin d'un coup de main, il m'appelait, alors j'avais du lait gratuit, j'avais du fromage ; c'était toujours ça ! Parce que mon bonhomme, il avait une pension, c'était bien, mais quand on

n'a qu'une pension, avec le RMI que moi j'avais de mon côté pour les enfants, et les allocations familiales, c'est parfois bien juste, et ce que le grand-père me donnait, ça faisait tout ça en moins à acheter. [...] Quand j'arrivais à travailler et que j'avais une petite paye, même si ce n'était pas grand-chose, et puis qu'à côté j'avais ce que le grand-père me donnait et que je ne payais pas, et bien c'était appréciable. [...]
J'ai travaillé ensuite à l'hôpital ; j'y travaillais quatre heures par jour. Le soir et la journée j'étais à la maison, ou chez mon petit grand-père, car il était encore avec sa femme que j'aidais aussi pour le ménage, pour faire des choses lourdes qu'elle ne pouvait plus faire, comme tourner le matelas. Je trouvais tout à fait normal de l'aider ; c'était une autre vie, une vie que mon bonhomme n'a jamais voulu accepter, parce que lui, c'était : « Tout pour moi, rien pour les autres » ; moi je ne vois pas les choses comme ça. Actuellement je connais une toute jeune maman qui a des petites jumelles et qui est un peu dans la panade, alors j'essaie de l'aider comme je peux ; oh je ne dis pas que je fais des merveilles, mais là, la machine à laver que vous entendez tourner, c'est pour elle. Elle n'a pas de machine pour laver le linge des petites, et ce n'est pas toujours facile pour elle ; et comme j'ai une machine à laver et un sèche-linge, elle me fournit la lessive, elle me donne un petit truc pour l'eau et l'électricité, parce qu'elle sait que ça ne marche pas tout seul et gratuitement, et, moyennant cela, elle vient faire sa lessive chez moi. Ça l'aide et ça lui enlève une épine du pied, car je sais ce que c'est, je n'ai pas toujours eu une machine à laver pour laver mon linge, et puis, à une époque, j'aurais bien aimé que de temps en temps on me le propose, mais malheureusement je n'ai trouvé personne, et quand mes gamins ils étaient tout petits, je lavais le linge dans la baignoire et à la brosse. [...]
Cette solidarité, ce petit coup de pouce qu'on peut donner à quelqu'un, c'est très, très important, et moi je dis qu'avec mes petits moyens, je dis bien toujours dans la mesure de mes moyens, j'essaie de faire ce que je peux, et ce que je fais pour elle, eh bien ce sera peut-être elle qui me le rendra quand moi j'aurai un coup dur.

Lorsque j'étais en difficulté, des petits coups de pouce comme ça m'auraient aidée, et peut-être que je n'en serais

pas arrivée là où j'en suis arrivée, peut-être que j'aurais un petit peu moins galéré, si j'avais eu ne serait-ce que quelqu'un avec qui discuter quelquefois, car se dire qu'il n'y a pas que moi qui suis dans la panade, ça soulage. [...]
Et quand l'AS, Mme A., est venue pour Damien, car c'était à deux doigts qu'il parte en famille d'accueil, j'ai eu l'impression que tout recommençait.
Mais, je me souviens, la première fois qu'elle est venue, la cuisine n'avait pas vu un coup de balai depuis facilement 15 jours, il y avait un tas de vaisselle haut comme ça sur l'évier ; j'en étais malade, et pourtant elle m'avait prévenue de sa visite, mais mes gamins étaient difficiles, et ça n'allait pas du tout à ce moment-là. Je travaillais la nuit, j'avais repris le boulot, ça ne leur plaisait pas, parce que quand les parents sont toujours disponibles, et qu'ils prennent la décision de travailler, faut-il que les enfants l'acceptent, et il y en a qui ne l'acceptent pas ; quand j'ai commencé Damien aurait été tout seul à la maison [...] Ce n'est pas son père qui est parti, c'est moi qui ai pris armes et bagages, et je suis partie parce qu'il s'est passé quelque chose avec le père, et, avec Dorothée et Damien, on a évité la catastrophe de peu, et là, j'ai pris la décision de partir ; alors ça n'allait plus.
Dorothée était en famille d'accueil et je me suis retrouvée toute seule avec Damien. Quand j'ai recommencé à travailler, il l'a très mal accepté, parce que je travaillais la nuit, j'ai pris à l'époque ce que je trouvais, et son père pouvait le garder la nuit.
Et puis Damien a été obligé d'aller dans une école spécialisée parce qu'il avait beaucoup de retard à l'école, c'était à Saint-A. Là, ce fut très difficile, car moi je vivais mal ici parce que j'étais séparée de mon fils, et lui il vivait mal là-bas parce qu'il avait l'impression d'être en prison, pas d'être abandonné parce que j'y allais le plus souvent possible, mais il le disait : « Là-bas, je suis en prison. » Mais pour changer d'école, trouver une autre école, c'est pas ce qui a été le plus facile, car il a fallu batailler aussi pour changer d'école. Mais il fallait une place d'abord, et comme il n'y avait pas de place, j'ai dû batailler. [...]
Heureusement, on a trouvé une autre école, et il rentre tous les jours, c'est exactement la même école qu'à Saint-A., sauf qu'il n'y a pas d'internat. C'est plus fatigant, mais il rentre à

la maison tous les soirs, et c'est normal pour un enfant d'être avec sa mère après l'école et de rentrer chez lui, il voit maman tous les jours, et il est là avec maman tous les jours, comme la majorité des enfants de son âge.
Le taxi vient le chercher le matin et le ramène le soir, et il n'a pas cours le mercredi après-midi. Depuis qu'il est à l'E. il a drôlement progressé, parce qu'on a répondu à ce qu'il voulait, et ce qu'il voulait c'était garder une présence chez sa maman, il n'acceptait pas de coucher en dehors de la maison. Moi j'en étais malade qu'il ne soit pas bien, et puis lui n'était pas bien parce que moi je n'étais pas bien, c'était un cercle vicieux. [...]
Damien n'a pas été placé, non, il n'a pas été placé, mais c'était le troisième dont j'étais séparée. [...]

Quand Mme A. est venue, ça n'a pas été tout seul non plus, il fallait mettre quelques points sur les « i » ; elle est venue par l'intermédiaire de l'école de Saint-A. car, comme je ne voulais plus qu'il y reste parce qu'il n'y était pas bien, l'école l'a signalé au juge, et si j'avais écouté le juge, il aurait fallu que Damien y retourne, et là j'ai dit : « Non, je regrette, mais quitte à me mettre hors la loi, il ne retournera pas à Saint-A., il n'y a rien à faire. » Il y a maintenant trois ans, et ça a tenu, ça a marché. Si je n'avais pas maintenu fermement mon point de vue de cette manière-là, eh bien, deux jours avant la rentrée scolaire, Damien n'aurait pas eu d'école, il n'allait pas à l'école, il ne faisait pas la rentrée, vous imaginez !
C'est le directeur de l'école de l'E. qui m'a téléphoné ; il y avait eu une commission juste avant la rentrée pour savoir s'il restait des places libres, et un jour, j'ai eu le directeur de cette école qui m'a appelée et qui m'a dit : « Je suis le directeur de l'E., j'ai une place pour Damien, est-ce que ça vous intéresse ? » Je lui ai dit : « Oui, bien sûr » et il m'a répondu : « Vous m'amènerez tous les papiers le plus rapidement possible, dès que vous pourrez », et il m'a fait toute une liste, en me disant qu'il fallait que je lui amène tout très vite. Alors, l'après-midi même, j'y étais et il m'a dit : « Eh bien chez vous ça ne traîne pas ! », et je lui ai répondu : « Non, car il faut que Damien fasse sa rentrée comme les autres enfants », et Damien a fait sa rentrée comme les autres.

Il lui a fallu un petit temps pour s'adapter, pratiquement un trimestre. Quand il est rentré à l'E. il ne savait pas lire, et aux vacances de Noël, il accrochait encore un peu mais il savait lire, et surtout, il se sentait mieux ; et puis j'ai vu avec la psychologue qui le suit à l'école que s'il avait repris le goût d'apprendre, c'est parce qu'il se sentait bien. Il y a encore des problèmes, mais il a retrouvé le goût d'apprendre, l'envie d'apprendre, et ça, c'est quand même important. Alors je suis contente bien sûr, je suis contente, parce que quand il a des bonnes notes, et que c'est bien, il est heureux ; enfin on ne peut pas dire que ce soit de très bonnes notes, mais c'est mieux qu'avant, et quand ça se passe bien, il se sent bien, et moi de mon côté je me sens mieux, et tout ça c'est un ensemble. [...]

J'estime tout à fait normal qu'une mère se batte pour ses enfants, c'est le rôle d'une mère ; mais je trouve anormal qu'aujourd'hui on soit obligé de batailler comme ça, autant que ça, et de cette manière-là avec les services sociaux. [...]
C'est une continuité, j'avais été classée, les classements il y a les 1, les 2, et ainsi de suite... ; on vous colle dans une catégorie dès que vous avez un problème, et puis après pour en sortir, c'est terrible, car c'est pour en sortir que c'est dur. Prouver, toujours prouver, parce qu'il faut prouver qu'on est capable de faire autre chose, qu'on est capable de s'en sortir. Eh oui, on est classé comme ça, et puis, parfois, les services sociaux ils ont des œillères, et on n'en sort pas. Le plus difficile, c'est de faire sauter les œillères, c'est ça le plus difficile. Il faut toujours justifier ; le moindre geste, le moindre mot, le moindre truc, il faut le justifier, c'est inadmissible.
Il y a des choses qui sont en moi, qui sont à moi, que je vois en moi, que j'ai vues, que j'ai vécues, et qui sont intimes ; alors être obligé de se justifier sur cette partie-là, sur votre vie passée, sur le moindre truc, je trouve ça complètement aberrant, mais c'est comme ça.
C'est la loi qui est comme ça, mais être toujours obligé de se justifier, alors ça c'est une perte d'énergie pas possible pour les parents, pour ceux qui veulent vraiment sortir leurs enfants de là. Par contre, il y en a qui n'en ont vraiment rien à faire, ça c'est sûr. C'est vraiment une perte d'énergie pas possible que d'être obligé de se justifier en permanence. Il faudrait toujours être parfait.

Mme A., elle, elle l'a bien vu et bien compris, car, lorsqu'elle venait pour Damien, il y a des fois où j'étais au bout du rouleau. Elle m'a montré une autre façon de faire, une autre façon de me battre.
Quand elle est venue la première fois il y avait de la vaisselle partout, un mètre au-dessus de l'évier, j'en étais malade, mais je n'avais plus d'énergie, et c'est là qu'elle m'a dit plusieurs fois, alors qu'il y avait un désordre monstre : « Laissez faire, vous n'en pouvez plus, quand vos enfants en auront marre de voir la maison dans cet état-là, ils vous donneront un coup de main. »
J'en étais arrivée à un point où j'étais devenue l'esclave de mes enfants, et se rendre malade de voir que sa maison est dégoûtante, ce n'est pas rien, et surtout de ne pas s'en être rendu compte avant, parce que c'est vrai, on va tellement mal qu'on ne s'en rend pas compte. J'étais devenue l'esclave de mes enfants. Pour eux c'était tout à fait normal que je fasse tout, j'étais devenue la serpillière, et c'était devenu normal que je fasse tout ça pour eux ; car pour eux, il était inconcevable que je leur demande de participer à la vie de la maison. Alors Mme A. m'a permis de voir ce qui n'allait pas et une autre façon d'aborder mes enfants. Ça va mieux maintenant, même s'il y a encore des accrochages. […]

Je me sentais obligée de faire tout cela ; car le fait d'être toujours à douter de vous, de ce qu'on va penser de vous, ça ne vous aide pas non plus. Car pour Jean quand il était chez ses grands-parents, je savais qu'il avait son éducateur, que moi je ne voyais pas, qui venait le voir et qui lui posait des questions, ou bien Dorothée qui était chez Mme L. et qui rencontrait l'éducatrice qui la suivait. Je savais parfaitement que ces éducateurs leur poseraient des questions sur leur vie à la maison, qu'ils chercheraient à comprendre comment on vivait, donc il fallait encore se justifier, et pour éviter d'avoir à me justifier, eh bien, je faisais tout, je leur faisais tout, et je pensais qu'il fallait que je sois la mère parfaite pour que mes enfants ne se plaignent de rien, qu'ils n'aient pas à se plaindre du tout, qu'ils soient comblés. Vous vous rendez compte !

Alors après, vous voyez, *c'est un cercle vicieux, parce qu'à vouloir être trop bonne mère, on va vous reprocher de ne pas savoir être bonne mère !*
C'est un cercle vicieux, parce qu'avec les services sociaux, il faut être le plus parfait, plus que parfait. Pour récupérer son enfant, il ne faut pas que l'enfant se plaigne, il ne faut surtout pas, car s'il se plaint de quoi que ce soit lors des visites chez les parents, alors les carottes sont cuites ; et c'est pour ça, et c'est comme ça qu'on devient l'esclave de ses enfants, car j'étais vraiment devenue l'esclave de mes enfants. Et puis le jour où ils sont revenus à la maison, il a fallu continuer comme ça pour les garder, c'est ce que je pensais. [...]

Quand Dorothée a compris que je voulais reprendre ma vie sociale en main, et que lorsque je travaillais je me sentais mieux, j'étais plus épanouie, et que comme j'étais mieux en moi-même, j'étais mieux avec eux, elle s'est dit que ce serait peut-être intéressant d'aider sa mère, et que si elle aidait un peu sa mère à la maison, peut-être qu'elle serait mieux, car elle n'aurait pas le ménage à faire en arrivant. C'est venu d'elle-même, mais ça encore il faut le justifier, et je lui ai dit : « Tu vois, quand tu m'aides, eh bien, au lieu d'être à faire la vaisselle, je peux être là avec vous, à côté de vous. » Il a fallu que l'idée fasse son chemin.

Mme A. a vraiment essayé de me comprendre, elle a su me comprendre à certains moments, pourtant je n'étais pas facile. Même avec Mme A., ça accrochait parfois, il y avait de la rouille dans les rouages !
Heureusement il y a des travailleurs sociaux, comme Mme A., qui font très bien leur travail, j'en ai rencontré de ceux-là, mais très peu sur tous ceux que j'ai vus ; parce que beaucoup se retranchent derrière l'administration, derrière la loi, et disent : « Eh bien, c'est comme ça, je n'y peux rien, je ne fais qu'appliquer la loi... ».
Mais j'en ai trouvé qui essaient d'aménager la loi, sans la détourner, parce que, c'est vrai, les lois on n'arrive pas tous à les comprendre, les droits vous ne les connaissez pas tous, les droits des parents, il y en a beaucoup que je connais pas. Eh bien sans détourner la loi, sans se mettre hors la loi, aménager la loi à sa façon et de façon à ce qu'on puisse la comprendre, ce n'est pas toujours facile, parce que je suis

sûre que chez les travailleurs sociaux, il y en a bien qui ne comprennent pas, qui la suivent bêtement, mais qui ne la comprennent pas, et ce n'est pas sûr, en plus, qu'ils respectent toujours la loi, ça ce n'est pas sûr. […]

Ce que j'attends d'un travailleur social, c'est le fait de pouvoir parler, parce que des fois ça « houlait » un peu, j'ai dit des mots crus, parfois. Et puis une fois, alors que je n'étais vraiment pas bien dans ma peau, j'ai laissé Mme A. sur le pas de la porte, et je lui ai dit : « Je n'ai pas envie de vous parler aujourd'hui. » Ça n'a pas été plus loin, et puis deux, trois jours après, je l'ai appelée et je lui ai dit : « Je m'excuse, mais il ne fallait pas venir ce jour-là, je ne pouvais pas vous recevoir, je n'en pouvais plus, j'étais au bout », et elle m'a répondu : « Oui, oui, je m'en suis aperçue. »
On s'est rencontrées après, on s'est expliquées, mais elle, elle a bien vu que ça n'allait pas, elle l'a accepté, elle a accepté, même si je pense que ça ne lui a pas beaucoup plu ce jour-là, mais c'était comme ça, et je la comprends car, moi, si on me claque la porte au nez, je n'apprécie pas trop, je n'étais pas trop fière quand même.
Mais si je suis devenue comme ça, c'est que je pense que quelquefois il y en a qui veulent, comment dire ? qui ne veulent pas spécialement trop fouiller dans notre vie, mais qui, au contraire, voudraient nous en écarter complètement, et régler le problème à notre place, alors que nous, on n'a pas droit à la parole.
J'estime que les parents, même s'ils font des erreurs, même si ça ne va pas toujours bien, les parents ils ont droit à la parole, tout comme les enfants.
Une fois, devant la juge, j'étais avec Mme A., c'était à l'époque où il y avait eu le problème avec Damien et où Mme A. était venue là, j'étais passée devant le juge et j'avais dit : « Quand il s'agit d'un problème qui concerne mes enfants je leur demande leur avis, quand j'ai une décision à prendre pour eux, je ne tiens pas forcément toujours compte de leur avis, mais je leur demande leur avis ; quand je prends une décision pour eux, il est normal que je sache ce qu'eux en pensent. »
C'est normal, me semble-t-il, et j'ai toujours fonctionné comme ça ; j'essaie de trouver les mots, parce que parler à un

enfant, expliquer quelque chose à un enfant quand on a du mal déjà à y comprendre quelque chose soi-même, eh bien ce n'est pas toujours évident. Moi, j'essaie de trouver des mots, même si ce ne sont pas les mots justes, j'essaie de lui expliquer la situation, j'essaie de faire avec les moyens que j'ai, ça n'est pas toujours facile, et puis j'écoute ce qu'il a à redire. Quand je prends ma décision, j'en tiens compte, ou bien je n'en tiens pas compte, mais au moins j'ai son avis.

Une partie de ma vie a quand même été dirigée par cette épée de Damoclès que j'avais au-dessus de la tête, parce qu'il y a des fois où je me suis sentie obligée de faire ce que je n'avais pas envie de faire, et avec cette épée de Damoclès au-dessus de la tête, j'ai été obligée de le faire, même si je n'en avais pas envie, même si c'était contraire à ce que mes enfants voulaient, et contraire à ce que moi je voulais ; tout cela pour que mes enfants et moi, nous ne soyons pas séparés.

Je me souviens, dans les débuts, quand on était encore à M. et que Dorothée était placée chez Mme L., eh bien, j'essayais de ne pas le montrer, mais le fait de la ramener chez la famille d'accueil, après le week-end, c'était une déchirure. Je ne voulais pas le montrer parce que j'avais peur que ma fille ne veuille pas revenir après ; et ça me l'a fait très longtemps, rien que le fait, simplement le fait de la raccompagner chez ces gens, ça me faisait terriblement souffrir.

Je me suis sentie écartée de sa vie, à une époque, quand il a fallu prendre des décisions très précises ; mais, ensuite, Mme L. (la nourrice de Dorothée) ne prenait pas de décisions sans m'en parler ; c'était une chance pour moi, parce qu'elle aurait aussi bien pu prendre des décisions sans que j'en sois informée, mais à chaque fois qu'elle avait une décision à prendre, elle me demandait mon avis, et ça a parfois provoqué un accrochage entre elle et des éducatrices, par rapport au service de l'ASE, quand elle disait non : « Parce que la mère de Dorothée n'est pas d'accord. » Je sais que ça a été une source de problèmes aussi pour elle.

Dès le départ, je lui ai dit : « De toute façon, Dorothée va chez vous parce que je ne peux pas faire autrement, parce que c'est la loi qui exige qu'elle aille chez vous, mais ne croyez pas que je sois d'accord ; je l'accepterai, j'accepterai la décision parce que je suis obligée d'accepter, mais ne croyez surtout pas que je sois d'accord avec cette décision. » Cela a été clair, et je lui ai bien dit tout de suite : « Ne vous imaginez pas que vous allez prendre ma place auprès de Dorothée, je suis sa mère », et à partir de là, on s'est très bien comprises tout de suite. Elle m'a dit : « Je suis là pour aider Dorothée, et pour vous aider par la même occasion si je le peux, mais il est hors de question que je prenne votre place… » ; c'était clair entre nous deux.

Quelquefois, il m'est même arrivé d'aller la voir comme ça, simplement pour discuter ; je savais que tout se passait bien, mais c'était pour discuter. Je passais à l'improviste, en disant : « Je me suis arrêtée dire bonjour », et je venais même pour prendre de leurs nouvelles à eux.

Dorothée continue à les voir. Je dis, encore aujourd'hui, que ce n'est pas parce que Dorothée est revenue à la maison et qu'elle est majeure qu'elle doit les oublier. Ce sont quand même des gens qui l'ont aidée durant toute une partie de sa vie, qui l'ont aidée à grandir, qui l'ont aidée à faire des choses que moi je n'aurais pas pu faire, car Mme L. lui a appris beaucoup de choses dont je me rends compte aujourd'hui, ce que je n'aurais pas pu faire. J'étais fatiguée et puis j'avais d'autres soucis en plus, tellement de soucis à l'époque.

À cette époque-là, je n'aurais pas pu prendre les décisions qu'il fallait prendre pour les problèmes qu'il y a eu. Et puis disons que ce n'est pas que ça se serait mal passé, mais ça se serait passé autrement, et ça aurait peut-être été plus catastrophique, moins bien, mais je n'en sais rien ; ça aurait peut-être engendré encore plus de problèmes que ça en aurait réglé ; donc je me dis qu'elle a quand même été là pour l'aider pendant une partie de sa vie, à un moment où Dorothée en avait besoin. Sûrement que moi aussi, quelque part, j'en avais besoin, car, même par rapport à Damien, qui était tout petit à l'époque, alors que Mme L. s'occupait de Dorothée, parce qu'elle n'avait que Dorothée en charge, eh bien, par l'intermédiaire de Dorothée, elle m'a aidée pour Damien.

Lorsque je ramenais Dorothée chez elle, ça me faisait très mal, et ça elle l'avait bien vu, elle le sentait ; mais ce que j'ai bien aimé chez elle c'est qu'elle le gardait pour elle, qu'elle ne l'a pas étalé sur les toits ; car c'était comme si on m'avait arraché quelque chose, ah oui ! Elle le voyait, au début, elle le savait que j'acceptais parce que j'étais obligée ; je faisais la

dure, puisqu'il fallait toujours se montrer parfaite, se justifier tout le temps.
C'était une déchirure de laisser Dorothée, et Mme L. l'avait bien vu. Je respecte son silence et la discrétion qu'elle a eue à mon égard ; elle ne me l'a pas dit directement, mais par l'intermédiaire de certaines discussions qu'on a eues toutes les deux, elle m'a bien fait comprendre qu'elle l'avait vu. On a su arrondir les angles à nous deux et arranger la loi à notre sauce sans être en porte-à-faux. Ça s'est très bien passé entre nous deux, mais je n'ai pas eu beaucoup de contacts avec son mari.
J'estime qu'il y a eu beaucoup de respect de leur part, surtout le respect de ne pas prendre ma place ; et puis il y a aussi le fait que je savais que chez eux, ma fille était bien, elle était suivie, au niveau propreté, au niveau nourriture, au niveau médical. Je savais qu'elle était suivie, qu'elle était bien. Je savais que s'il y avait un problème, elle saurait quoi faire, en tant que mère elle-même. C'est sûrement quelque part une forme de confiance, parce que je me dis que la semaine quand elle était chez elle, il pouvait arriver quelque chose, on ne sait pas ce qui peut arriver dans une maison, ça peut arriver n'importe où, n'importe quand, eh bien, je savais qu'en tant que mère, ayant elle-même des enfants, elle saurait prendre la bonne décision pour ma fille, et ça me rassurait. Il s'est installé entre nous une complicité amicale, ce qui m'a permis, je peux le dire aujourd'hui, d'accepter la dureté de la loi, liée au placement.

En tant que mère, au moment où je me suis trouvée en difficulté, j'aurais attendu des travailleurs sociaux qu'ils m'écoutent un peu, et surtout qu'ils me croient, qu'ils ne mettent pas en doute ou en dérision systématiquement ce que je disais, et qu'ils ne méprisent pas la mère que je suis et que je reste ; ils ne réalisent pas à quel point il est important qu'ils nous croient !
Ce que je leur reproche, à certains, c'est que dans certaines situations, il y a trop de laisser-aller, et dans d'autres c'est trop radical. Parfois c'est inadmissible de laisser certaines situations s'installer, et dans certains cas, il faudrait faire en sorte que certaines mères n'aient plus d'enfants, ou qu'on les

leur retire pour les protéger, je vais loin là, mais je sais de quoi je parle.
J'aurais eu besoin de trouver quelqu'un qui m'écoute, avec qui parler, partager, car à plusieurs on arrive à trouver des solutions qu'on ne trouve pas seule ; j'avais besoin de quelqu'un qui m'aide au moyen de choses simples, sur des heures de la vie quotidienne, ce qui m'aurait sûrement évité de craquer, de quelqu'un qui essaie de comprendre là où j'en étais, avant de m'emmener là où il voulait que je sois, et j'ai trouvé cela chez Mme A., et ça fait du bien de voir que ça existe quand même des gens qui nous respectent, tentent de nous comprendre et nous acceptent comme nous sommes.
C'était le parcours du combattant, car il faut savoir que *c'est un parcours de combattant que d'avoir toujours à se justifier* ; c'est fatigant, tellement fatigant !
J'avais besoin qu'on m'aide à sortir de l'isolement, à éviter l'isolement ; je me suis sentie souvent seule, si seule, désarmée devant la justice. C'est si dur parfois, si difficile, c'est pénible, et lorsque vous recevez une convocation, c'est qu'il va encore falloir se justifier, encore, et encore, et on s'en fait une montagne, car être obligée de toujours, toujours se justifier !
C'est comme mourir, c'est une catastrophe que de se retrouver isolée ; j'ai été des mois entiers sans sortir de la maison ; je me laissais aller car on ne prend plus soin de soi dans des périodes comme ça.
D'avoir repris le travail, ça m'a obligée à sortir de la maison, à me présenter aux autres, c'était pour moi recommencer à vivre, à communiquer avec les autres, à prendre soin de moi. Il y a le dedans, l'intimité, et le dehors, le travail, c'est nécessaire d'avoir les deux.
Quelquefois je m'insultais : « Qu'est-ce que tu as fait, ma fille, pour rester dans ton coin, pour en être là et si seule ? »
Je n'avais pas de soutien de ma famille, puisque ma mère a agrandi le fossé qu'il y avait déjà entre nous, et je n'ai pas de contacts avec ma sœur, on est sœurs par la loi, mais la vie nous a séparées.
Maintenant, je vis avec mes trois enfants ; j'ai retrouvé mes trois enfants, et même si ce n'est pas le bonheur parfait, je me sens mieux. J'ai l'impression que tous les morceaux éparpillés sont recollés, que j'ai réussi à recoller les morceaux,

même si quelquefois il y en a encore qui se décollent, mais on fait en sorte qu'ils se recollent.
Jean a eu une vie différente de la mienne et « ça » se heurte quelquefois ; les relations se sont renouées même s'il y a toujours des heurts, mais au moins on communique, et je me dis : « C'est ton fils, il n'est pas parfait, il a droit à l'erreur, il a eu une éducation différente, un mode de vie différent, comme Dorothée, puisqu'ils ont vécu dans un autre milieu. » Le fait d'accepter qu'ils aient un point de vue différent du mien aide à mieux vivre, c'est les aimer, c'est accepter qu'ils partent un jour, qu'ils fassent leur vie à leur tour.
Parfois je me demande comment je serai quand ils auront des enfants un jour, quand je serai grand-mère. Je pense que je ferai en sorte qu'ils n'aient pas toujours à se justifier, qu'ils évitent surtout ce parcours du combattant que j'ai vécu.
Pour moi ça a toujours été difficile entre ma mère et moi ; mais quand j'ai eu mes problèmes à la naissance de Jean, je ne me suis peut-être pas rendu compte que je lui imposais mon fils, que je la mettais au pied du mur ; elle aurait pu refuser mais elle n'a peut-être pas pu dire non ; ça n'a pas dû être facile pour elle, c'est sûr, quand j'y pense maintenant.
J'avais gardé des liens avec papa ; tous les jours il venait ou me téléphonait, et il me donnait des nouvelles de mon fils. Ma mère en était peut-être jalouse ; elle a toujours été très froide, très distante avec moi ; j'avais l'impression d'être en trop. J'ai toujours eu l'impression d'être à part ; j'étais la deuxième après une sœur et avant un garçon qui est décédé à 17 ans dans un accident.
J'étais blindée, j'avais construit un mur entre elle et moi, tout ce qu'elle me disait glissait ; elle ne m'atteignait que par l'intermédiaire de Jean, car elle lui faisait du mal dans ses paroles et par ses paroles, et pour lui tout ce que disait sa grand-mère c'était la vérité. Il a compris en pouvant vérifier que ce n'était pas toujours vrai, ni paroles d'évangile, et alors ça a commencé à aller mieux entre lui et moi ; mais ce n'est pas toujours facile, même aujourd'hui.
J'en étais arrivée au point où j'en faisais trop avec Jean, puis avec les autres. Mais c'est se faire violence à soi que de le laisser faire quand il a du mal à y arriver ; et je me suis fait violence, car peut-être que je voulais combler tout ce que je n'avais pas fait pour lui, pour eux, je ne sais pas ? […]

Ce que j'ai vécu je l'ai vécu comme une violence ; et j'ai construit un mur pour éviter que mes enfants soient touchés par cette violence ; j'acceptais que ça me touche moi, mais pas eux. Malheureusement, ça les a touchés, et ça, les travailleurs sociaux ils ne se rendent pas compte de ce qu'ils font vivre aux gosses, à nous encore, passons, mais pas aux gamins.
La psychologue de l'E. me disait au sujet de Damien, pour m'expliquer pourquoi à une période ça n'allait pas sur le plan scolaire : « Son corps était à l'école, mais sa tête, elle était ailleurs… » ; eh bien oui, avec moi qui n'étais pas bien, qui subissais les violences de son père, il le ressentait, tout ça, bien sûr, et il ne pouvait pas être bien.
Je suis partie pour les protéger, j'ai quitté son père, car ils m'ont vue une fois être maltraitée, mais pas deux. C'est à ce moment-là que j'aurais eu besoin de trouver quelqu'un à qui en parler, pour passer ce cap, et alors je n'en serais peut-être pas arrivée à tout ça.

Ce que je souhaite pour mes enfants c'est qu'ils ne vivent pas ce que j'ai vécu. Pour ça, il est nécessaire d'avoir une présence que je n'ai pas eue, de ne pas être isolés s'ils ont des problèmes, ça les aidera, mais c'est des hypothèses.
Je serai sûrement moins froide avec eux que ma mère l'a été avec moi, et je les aiderai s'ils sont dans la panade, parce qu'une mère c'est là pour accompagner les enfants afin qu'ils soient le mieux possible, qu'ils ne manquent de rien. Le rôle d'une mère, c'est de les aider à s'épanouir, à transmettre ce qu'on sait, de les aider à aller le plus loin possible, sans heurts, de les aider à ne pas faire les mêmes erreurs qu'elle.
Je les ai payées très cher, toute ma vie, les erreurs que j'ai faites, et je voudrais les aider à ne pas faire les mêmes que moi. Je l'ai vraiment payé très cher toute ma vie, et je veux leur permettre de ne pas avoir à vivre les mêmes choses, et surtout qu'ils soient heureux.

Je suis partie avec rien, le RMI je ne l'ai eu que très tard ; il m'est arrivé d'avoir envie de mourir, de me noyer, mais si je suis là, c'est pour eux et grâce à eux. Quand ils ont voulu placer Damien, je me suis dit : « Ce n'est pas possible, on ne va pas en sortir, c'est le calvaire qui recommence. » Je n'en pouvais plus, j'étais au bout, et je leur ai dit : « Si vous le

voulez, vous l'aurez, mais vous ne l'aurez pas vivant », j'étais prête à tout, elle ne l'aurait pas eu, non, pas une troisième fois, mais je n'aurais pas pu le supporter une troisième fois, ça non, c'était trop pour moi, pour eux.
Mme A. l'a compris tout de suite et on a trouvé une solution ; c'est ce qui m'a permis, inconsciemment, de remonter, car à ce moment-là je touchais le fond. Je n'aurais pas pu supporter une telle épreuve une troisième fois, j'aurais sombré complètement.
Que quelqu'un d'extérieur comprenne ça, ça nous a tous sauvés, vraiment ça nous a sauvés, ça m'a sauvée, ça a sauvé mes enfants, et ce n'est pas rien !

Depuis tout ça, je retravaille, et ça va mieux. Ce n'est pas parfait, mais on a une vie normale, et je ne retournerais pas en arrière pour tout l'or du monde, je ne referais pas ce parcours du combattant, pour rien au monde, ça non. [...]
J'ai une petite voisine de 18 ans qui me touche beaucoup ; j'ai envie d'aider cette jeune maman de deux petits pour qu'elle ne vive pas le calvaire que j'ai vécu ; je voudrais lui éviter tout ce que j'ai subi. Elle n'est rien pour moi, je ne suis pas sa mère, mais elle pourrait être ma fille. Sa mère ne fait rien pour l'aider et ça me met hors de moi. Il faut lui éviter qu'on lui prenne ses enfants et si je peux faire pour elle tout ce que ma mère n'a pas fait pour moi, je le ferai.
Mais parfois, les enfants sont plus heureux quand ils sont placés ; il faut savoir qu'il y a une justice à deux vitesses : quand il y a du pognon, même si on ne peut pas s'occuper de ses enfants, on ne risque rien, les services sociaux ferment les yeux, même si les enfants sont malheureux. Quand il n'y en a pas, on vous tire par les pieds, on vous arrache vos enfants, et ça ce n'est pas des histoires que je raconte, il n'y a qu'à aller y voir de plus près, et je suis bien placée pour en parler. Il y a des familles dans lesquelles ils n'osent pas aller, et pourquoi ?

J'ai appris à aborder les travailleurs sociaux par la force des choses, j'ai appris à les bousculer sans les froisser, sans froisser leur susceptibilité, j'ai appris à leur faire accepter ma décision en leur laissant croire que c'était la leur. C'est Mme A. qui m'a permis d'arriver à cela, qui m'a appris à mieux me protéger.

C'est ce que j'appelle les mettre au pied du mur, parce que c'est ma vie à moi, et j'ai mis du temps à le comprendre. C'est aussi arriver à apprendre qu'on n'a pas à tout dire, qu'on peut garder des choses à soi, pour soi, dans son jardin secret. Mais ça on n'y arrive pas tout seul, surtout quand on a toujours besoin de se justifier, et même de justifier qu'on a besoin de garder des choses secrètes.
J'ai vécu avant d'avoir mes enfants, j'ai fait des erreurs avant d'avoir mes enfants, des erreurs que je paie encore aujourd'hui, car même là-dessus il m'a fallu me justifier, et je n'ai pas pu, et pas su le garder secret, je pensais que je devais tout dire de moi ; maintenant je ferais en sorte de le garder secret, je saurais le garder secret. Tous les travailleurs sociaux ne sont pas ainsi, mais hélas il y en a certains qui veulent tout savoir sans rien payer, et bien trop, à mon avis.[...]

– Mais pourquoi acceptez-vous de me confier tout cela ?

– Parce que, par votre intermédiaire, j'arriverai peut-être à aider quelqu'un d'autre pour qu'il ne galère pas comme moi. Je lui dirai : « Défendez votre place de parent, il ne faut pas se laisser diminuer, rabaisser, il faut arriver à garder sa dignité. »
On aura toujours besoin des travailleurs sociaux ou de la justice, mais qu'ils restent là, à leur place, pour nous aider, pas pour prendre notre place et parler à notre place ; qu'ils soient là pour nous aider à sortir la tête de l'eau et non pour nous enfoncer, pour nous aider à sortir de nos ennuis, et pas pour nous en créer, pour accepter que les gens fassent des erreurs parce que personne n'est parfait, même eux, et on exige de nous beaucoup, beaucoup plus que de n'importe qui d'autre, et qui n'a pas de problèmes en plus.

J'en suis sortie parce que j'ai rencontré des gens qui m'ont permis de faire l'analyse de ma situation, dont un animateur de la mission locale ; toute seule je n'y serais pas arrivée. Il m'a permis de pouvoir avancer en laissant les problèmes derrière, à ne pas rester toujours sur ces problèmes, mais à continuer à aller de l'avant, à trouver du boulot. Il m'a donné envie de revenir, même quand la réponse était négative et que je me décourageais, car il me disait : « Ça n'a pas marché,

mais allez-y, continuez, ne baissez pas les bras, ça marchera la prochaine fois, je sais que vous y arriverez... »
Dans le groupe, il y avait d'autres femmes comme moi qu'il avait aidées à repartir. C'est important de se rendre compte qu'on n'est pas tout seul à vivre ses difficultés et que d'autres peuvent vous donner un coup de main. Vous savez, savoir se présenter à un employeur après vingt ans, ce n'est pas rien. Il m'a permis de me rendre compte que je n'étais pas finie, que ma vie ne s'arrêtait pas là, que j'avais d'autres choses à faire, à construire, et que je pouvais avoir autre chose que mes enfants, que ma vie ne se limitait pas à mes enfants.
Et c'est ce qui m'a aidée à accepter que mon fils aille travailler loin, que ma fille grandisse, passe son permis et conduise ma voiture seule, sans moi.
C'est ce qui me permet de continuer à vivre, d'avoir une vie dehors et de voir que je ne suis pas toute seule, ni la seule à avoir parfois des problèmes, même des gros, gros problèmes.

Et si ma galère, le récit de ma galère peut éviter à d'autres de la vivre, j'aurais au moins servi à quelque chose, à quelqu'un. Je voudrais dire qu'on peut toujours s'en sortir, trouver à un moment précis la personne en face qui sache écouter, qui aide à se rendre compte qu'on était capable de le faire par moi-même, et d'y arriver, comme Mme A. ou l'animateur de la mission locale, une personne qui croit en vos capacités. Ils m'ont un peu servi de psy, c'est comme ça qu'on avance. Mais ça permet aussi au professionnel de voir que son travail a servi. Il suffit parfois d'un coup de pied au derrière pour démarrer.
Ce n'est pas facile tous les jours, mais j'aborde les problèmes autrement. Je vois la vie avec une autre paire de lunettes ; c'est comme si on changeait de peau, on laisse tous les problèmes derrière avec la vieille peau ; on redémarre avec la nouvelle peau et on continue.
Mais tout ça ne veut pas dire qu'on peut y arriver tout seul, on a besoin d'une aide extérieure, car quand on fait des erreurs on est tellement dedans qu'on ne voit pas, ou qu'on ne peut pas s'en sortir, on est submergé quelquefois.

Les travailleurs sociaux font aussi des erreurs avec leurs enfants, peut-être pas les mêmes que les nôtres, mais certains l'oublient un peu vite.

Et puis, il ne faut pas oublier que lorsqu'on n'a que le RMI pour vivre et qu'on n'y arrive pas, ce n'est pas rien, car c'est le début de la galère qui annonce le parcours du combattant qui nous attend, surtout quand il y a des enfants. Eh bien ce n'est pas rien tout ça, et je ne le souhaite à personne, même pas à mon pire ennemi. »

Réponse de Dorothée

Lorsque j'ai eu l'occasion de rencontrer Marie en compagnie de Dorothée et de Damien, nous avons longuement discuté, et Dorothée avait beaucoup de choses à exprimer. Je lui ai proposé de les écrire, ce qu'elle fit, mais plus tard. Elle fut beaucoup plus explicite oralement que dans son écrit, rédigé peut-être pour me faire plaisir, alors qu'elle a partagé tant de choses oralement, en retraçant tous les épisodes difficiles de sa vie d'enfant et d'adolescente.

Entre-temps j'avais envoyé à Marie son récit, que j'avais retranscrit par écrit, afin qu'elle rectifie ce qui lui semblait nécessaire, puis nous nous sommes revues et elle m'a remis le texte lu et corrigé.

Nous avons passé un long moment dans un bar, en ville. Marie y est venue accompagnée de Dorothée, mais aussi de Damien, qui sortait de l'école. Cet échange fut dense et Dorothée m'a épatée par la finesse de son analyse sur son vécu et sur celui de sa maman qui, entre-temps, avait lu son récit à ses trois enfants réunis, temps fort pour chaque membre de la famille, dit-elle.

Dorothée fut surprise d'entendre la version de sa maman sur cet événement qui les touchait tant toutes les deux. Jusque-là elle ne connaissait que la version des travailleurs sociaux, et surtout, sa propre version, sa souffrance, sa révolte et son incompréhension de ce qui avait pu produire cette séparation, prise elle-même dans la tourmente de sa vie, et n'ayant peut-être pas encore pu mettre de sens sur la douleur provoquée par ce qu'elle avait vécu chez son père.

Les enfants furent touchés par le récit de leur maman. L'entendre, pouvoir en parler ensemble, partager ce temps particulier de leur vie, leur aura sans doute permis de comprendre autrement ce qui a produit la situation de dé-placement, placement et re-placement de Dorothée, la vie de Jean chez ses grands-parents, la crainte du placement de Damien, sans se centrer uniquement sur eux-mêmes ou sur leur mère.

Le récit de Marie met au jour les conditions concrètes d'existence de la famille. C'est en interrogeant leur contexte de vie que chacun a pu se situer à une autre place que celle du seul responsable et, en cela, regarder autrement ce qu'avait été la vie de leur mère, sa place, ses difficultés, ses erreurs, mais aussi, son combat de mère.

Cela ne changera pas les événements passés, bien sûr, mais ce récit peut les aider à transformer le rapport que chacun pourra entretenir avec ces événements, avec leur mère, et entre eux.

J'espère que cette aventure que nous avons partagée leur permettra de se dégager de ce lourd passé, pour regarder vers l'avant, c'est-à-dire pour arriver à faire avec ce passé, et non plus contre. Il n'y a qu'ainsi que l'individu peut vivre et profiter de son présent, s'imaginer et construire un futur différent de ce passé douloureux.

> « La conversation est une rencontre d'esprits qui ont des souvenirs et des habitudes différents. Lorsque des esprits se rencontrent, ils ne se limitent pas à échanger des faits, ils les transforment, les remodèlent et en tirent d'autres implications, se lancent dans de nouvelles directions. La conversation ne se contente pas de battre les cartes, elle en crée de nouvelles [2]. »

Texte de Dorothée, tel qu'elle l'a intitulé :
« Réactions de Dorothée, fille de Marie »

> « Le récit de ma mère m'a impressionnée, moi en tant qu'enfant ; je ne pensais pas que sa souffrance était si grande, et, malgré notre séparation, ma mère essayait de m'apporter ce que je désirais… de l'amour.
> C'est dans ces moments-là que je m'aperçois que je connaissais très mal ma mère. Pour moi, apprendre que mon placement a été un calvaire pour elle m'a touchée. Elle a fait en sorte que cette souffrance qu'elle ressentait ne m'atteigne pas ou presque pas, c'est ce qui m'a beaucoup aidée, car quand

2. T. Zeldih, *De la conversation*, 1999, p. 26.

vous ne vivez plus avec les personnes que vous aimez le plus pour vivre avec des gens qui sont de parfaits étrangers pour vous, vous aussi vous ressentez tout ce qui se passe. Ce que je trouve bien c'est que de simples personnes comme ma mère disent ce qui se passe et ce qu'elles ont ressenti dans ces moments-là.

Moi, personnellement, j'ai très mal vécu la séparation d'avec ma mère dans les débuts. Ensuite, la famille d'accueil chez qui je suis arrivée a su nous comprendre et nous aider, mais toutes ne sont pas comme celle-là.

Je ne dis pas que ma vie a été rose tout le temps, car quand on est adolescente, on cherche à fuir ses parents par tous les moyens, alors que pour moi c'était le contraire, le contact avec ma mère était primordial, et le peu le temps que je pouvais passer avec elle, je le faisais, même si c'était pour parler de nos désaccords, même si ce n'était que 10 minutes. Mais, comme je le dis, nos parents essaient de nous protéger de la souffrance qu'il peut y avoir. Malgré tout, nous la ressentons, et même si on ne peut pas faire grand-chose pour eux, on leur dit que les instants passés avec eux sont tout de même magiques malgré les engueulades.

Moi, j'estime que ma mère, même si elle n'est pas parfaite, c'est ma mère et qu'une supermaman comme la mienne, je ne l'échangerais pour rien au monde. »

4

Line, qui fut l'assistante maternelle de Dorothée

Lors d'une rencontre avec Marie, celle-ci me suggère de rencontrer Mme L., qui fut la nourrice de Dorothée pendant sept ans, et qui semble avoir eu une place importante pour Marie et pour sa fille.

Marie pense que sa version serait intéressante et pourrait éclairer celle de Dorothée ainsi que la sienne.

Elle me donne ses coordonnées téléphoniques, et lorsque je la contacte, Mme L. se montre, d'emblée, intéressée par le projet que je lui présente ; nous nous rencontrons chez elle.

Je lui présente mon travail en cours, puis Line (Mme L.) se lance dans le récit de son parcours d'assistante maternelle avec Dorothée.

> « [...] J'ai fait la découverte de Dorothée au foyer de l'enfance. Je l'ai vue tout d'abord toute seule, j'y étais avec mon mari, et nous l'avons rencontrée la première fois sans sa maman.
> Mais, lors d'une réunion, à la période où elle devait venir à la maison, sa maman est arrivée ; oh ça, je m'en rappellerai

toujours ! On était dans une grande pièce [...] et elle est arrivée avec un peu de retard. Elle avait son chapeau, et elle semblait très stressée lorsqu'elle est entrée dans cette salle. Elle ne m'a pas dit bonjour, non, elle n'a pas dit bonjour, on voyait qu'elle était très mal, mais moi aussi j'étais mal de la voir dans cet état-là, car elle savait où sa fille allait partir alors qu'elle ne voulait pas le placement. Au départ, on parlait d'un foyer pour Dorothée, mais ils n'avaient pas trouvé celui qui lui correspondait, sans doute, en raison de son âge, car elle avait presque 14 ans quand le placement a eu lieu.
C'était mon premier accueil d'un enfant placé par l'ASE ; en effet, Dorothée est la première enfant que j'ai accueillie en tant que nourrice permanente, et il est vrai que j'étais gauche.
Mais j'ai fait aussi parler mon cœur, en tant que maman, car j'ai compris tout de suite qu'on enlevait un enfant à une maman. Il y avait un an que Dorothée était à C. et je sais qu'elles se voyaient régulièrement, car Mme M. (Marie) faisait l'effort de venir la voir là-bas, pourtant c'était loin de chez elle et compliqué pour y aller.
C'est vrai que ce fut très dur pour elle, elle a même craqué. Elle ne comprenait pas pourquoi on allait placer son enfant, car pour elle, elle devait la récupérer.
Dorothée a eu beaucoup de mal ce jour-là, elle a pleuré, parce que sa maman lui a fait des reproches ; en effet, Mme M. en a beaucoup voulu à Dorothée, et ce jour-là, elle a vraiment été dure en paroles avec sa fille, devant tout le monde. Elle lui disait qu'elle ne comprenait pas pourquoi elle avait fait tout ça, parce qu'il lui semblait qu'elle était très heureuse chez elle.
Elle ne comprenait pas pourquoi Dorothée était placée, et c'est toujours ce qu'elle disait cette maman : « Pourquoi on m'a enlevé ma fille ? », « Pourquoi elle est là ? » Elle se demandait pourquoi on lui en voulait de « toutes ces choses-là. »
C'est toujours ce qu'elle disait, elle ne comprenait pas, elle n'avait pas compris tout ce qui lui arrivait.

Tout cela, parce qu'il y avait ce papa que Dorothée ne connaissait pas et qu'elle avait voulu connaître à un moment donné. Ce papa que les travailleurs sociaux ont retrouvé par l'intermédiaire de voisins, là où ils habitaient avant, car tous les services sociaux s'y sont mis, et là ils y sont peut-être allés un peu trop vite, un peu trop loin, sans étudier suffisamment la situation. Donc, un jour, comme elle demandait à vivre chez ce papa, on a enlevé Dorothée de chez sa maman, et on l'a mise chez ce papa qu'elle ne connaissait pas, qui avait déjà refait sa vie, et qui avait déjà d'autres jeunes enfants. Pendant six mois, Dorothée a vécu l'horreur avec ce papa, ce papa qui ne savait pas gérer sa vie avec une enfant de 13 ans.

Dorothée avait demandé à aller vivre avec son papa mais en même temps, c'était confus, même moi je n'ai jamais trop bien compris pourquoi on l'avait ainsi remise à son père. Je pense, mais c'est un point de vue personnel, que Dorothée en a rajouté un petit peu pour pouvoir aussi dire : « Moi je suis là, moi aussi j'existe, je veux vivre, je veux qu'on m'écoute », parce qu'avec son beau-père du moment, ça se passait mal, et puis il y avait le petit frère Damien dont elle était un peu jalouse, car lui, il avait son papa et sa maman, et Dorothée se sentait à l'écart ; donc je pense qu'elle a provoqué certaines choses. [...] Suite aux paroles que j'ai échangées avec elle pendant sept ans, je pense qu'elle a dû provoquer certaines choses parce qu'à cette époque il lui fallait un certain chamboulement dans sa vie, il fallait que quelque chose se passe. D'abord, parce qu'elle voulait connaître ce papa qu'elle avait entrevu une ou deux fois, et elle voulait qu'on la reconnaisse en tant que Dorothée, sa fille ; et puis c'était une période où elle en avait marre de tout.

Elle est donc retournée vivre chez ce papa, et ce fut pour elle l'horreur pendant six mois, parce qu'il ne savait pas gérer une enfant de cet âge-là, et il y avait sa nouvelle femme qui ne pouvait pas supporter Dorothée.

Elle a vécu des choses atroces, on ne lui donnait pas de lit, on ne lui donnait presque pas à manger, elle s'écroulait de faiblesse à l'école, ça a duré six mois, ce fut vraiment quelque chose de particulièrement dur pour elle. On est venu la chercher à l'école, d'après ce qu'on m'a dit, mais je ne sais pas si ce n'est pas elle qui s'est enfuie.

Il y avait aussi une grand-mère, la mère de sa maman, qui jouait un rôle important et qui avait Jean chez elle. Mais est-ce qu'elle la voyait à cette époque-là ? Je ne sais pas. Ce que

je sais, c'est que ce sont les maîtresses de son école qui ont donné l'alerte. Les services sociaux sont venus la chercher à l'école, je crois, et, de là, elle a été placée à C.
Elle a donc été six mois chez son papa, qui a accepté quand Dorothée a voulu vivre avec lui, et puis qui a vu qu'il ne savait pas quoi faire avec cette jeune fille de 13 ans, car il l'avait vue bébé, et ne l'avait revue qu'une ou deux fois ensuite. Il a cru qu'il allait pouvoir la rendre heureuse, mais il était très gauche, très maladroit, il devait être assez brutal, il ne savait pas faire, et ce fut l'horreur pour Dorothée, confrontée à un papa qui n'était pas celui qu'elle pensait retrouver, et à une belle-mère qui ne voulait pas d'elle. C'est suite à tout cela qu'elle s'est retrouvée à C. [...]
Ce que j'ai pu observer à C. c'est que Mme M. ne savait pas pourquoi on ne lui redonnait pas sa fille. D'ailleurs, elle m'a dit qu'elle n'avait toujours pas compris, qu'on ne lui a jamais dit pourquoi, qu'on ne lui avait jamais expliqué ; elle m'a toujours dit ça : « Je ne sais pas pourquoi on a placé ma fille, pourquoi on ne me l'a pas rendue ? »
Dans la tête de cette maman, on n'avait pas le droit de lui prendre sa fille, et elle se demandait pourquoi elle ne pouvait pas revenir vivre avec elle, alors qu'elle ne se sentait pas impliquée directement dans ce que sa fille venait de vivre puisqu'elle avait d'abord pensé à sa fille en acceptant qu'elle parte chez son père. Au moment où sa fille avait voulu partir vivre chez son père, elle s'était dit : « Après tout, elle a le droit de connaître son père », même si cette situation ne lui plaisait pas ; elle l'avait acceptée pour Dorothée qui le voulait. Mais lorsqu'elle a retrouvé sa fille au foyer, elle lui a dit : « Eh bien, tu as vu, tu as voulu le connaître, ton père, tu as vu ce qui s'est passé pendant six mois ! » Ce fut assez dur à entendre et à vivre pour Dorothée.
Ensuite et durant un an environ, pendant qu'elle était au foyer, il a fallu réparer tout ça chez Dorothée, parce qu'elle était arrivée dans un très mauvais état. Elle était tellement en douleur qu'elle prenait du papier toilette et s'enroulait avec, sans doute pour montrer qu'elle était mal, qu'elle avait mal.
Il y a donc eu pendant un an tout un travail avec elle, là-bas, à C. Puis, quand le moment est arrivé et lorsqu'ils ont pensé qu'elle était guérie, ils n'ont pas voulu la remettre chez elle, et c'est là que je suis intervenue.

Je venais juste d'avoir mon agrément, ils m'ont contactée et j'ai dit oui. Les éducateurs du foyer ont dû penser que ça irait, peut-être parce qu'ils ne savaient pas où la mettre. Ensuite, j'ai rencontré Dorothée seule, puis, lors de cette journée-là, j'ai vu sa maman. Cette maman qui criait si fort qu'on allait lui volait encore une fois sa fille, et qu'elle ne comprenait pas pourquoi on la lui avait enlevée.
De toute façon, personne n'a jamais été capable de lui expliquer, ça je peux en témoigner. Même à cette réunion, on n'a pas répondu à ses questions, car on était là pour se présenter mutuellement, mon mari et moi, à Mme M., puisque Dorothée allait venir vivre chez nous.
Mme M. a voulu savoir, elle a voulu comprendre, mais on n'a pas répondu à ses questions à ce moment-là. C'est vrai que Dorothée a beaucoup pleuré lorsque sa maman lui a dit : « Tu vois où tu en es rendue. » Elle lui disait presque que c'était de sa faute.
Non, personne ne lui a dit, on ne lui a pas dit pourquoi on plaçait sa fille en famille d'accueil, on ne lui a pas expliqué. [...]
Ça devait être difficile pour Mme M. mais peut-être moins pour Dorothée, car j'étais déjà venue la voir, c'était la deuxième fois que je la voyais.

Ensuite, elle est venue progressivement, une journée, puis un week-end. Je pense que j'ai dû lui plaire dès le premier contact et que, d'emblée, elle a dû se dire : « Je vais essayer d'aller vivre chez ces gens-là. » Le premier contact a été positif, et pourtant, d'après ce qu'on m'avait dit, Dorothée était dure avec elle-même et ne parlait pas beaucoup ; mais j'ai vu qu'elle souriait avec nous, et j'ai pensé : « Elle sourit, c'est bon » ; et puis elle m'a dit : « Oh là, là, je suis bordélique, je suis ci, je suis ça ! », elle était en train de se présenter à sa manière et en train de nous dire : « Vous allez m'accepter comme je suis, mais je pourrai faire des efforts [...]. » Je pense que dès qu'elle m'a vue, ça a dû être positif pour elle, et elle a bien voulu venir chez nous.

J'étais mal, par rapport à la manière dont on accueillait cette mère, mais comme je ne connaissais pas encore ce milieu, je ne savais pas trop que faire. Maintenant j'ai de l'expérience,

et ça ne se passerait pas comme ça, d'ailleurs, ça s'est passé différemment avec les autres enfants que j'ai accueillis.
Face à la douleur de cette maman, j'étais très mal, j'avais mal pour elle quand je l'ai vue, parce que j'ai tout de suite compris qu'on lui enlevait son enfant, et qu'il fallait que je fasse connaissance avec cette maman. Mais je ne savais pas trop comment ça allait se passer. Il est vrai que je suis restée à l'écart, et je me suis dit : « Tu ne dis rien, tu ne fais rien, tu restes à ta place », parce que c'était vraiment très dur. Je la revois encore entrer avec son chapeau sur la tête, c'était fin mai, début juin. [...]
Dorothée est arrivée définitivement à la maison fin juin et pendant un mois et demi, il y a eu toutes les présentations car Mme M. est venue aussi à la maison. C'est vrai que l'on voyait bien que cette maman ne comprenait pas, et que, de toute façon, pour elle, il n'était pas normal que sa fille ne revienne pas chez elle. Au début, il n'y avait pas eu de sorties, les services sociaux préfèrent souvent attendre un petit peu. La maman habitait à M., ce n'est pas loin ; donc, très vite, Dorothée est allée chez sa maman un week-end sur deux, et quand la rentrée scolaire est arrivée, elle y allait le mardi soir ; sa maman la ramenait vers 21 heures, tous les mardis et un week-end sur deux ; ça s'est fait progressivement.
Au début, c'était dur parce que Mme M. ne voulait pas trop me voir. Il est évident qu'elle acceptait les conditions parce qu'elle n'avait pas le choix.
Elle m'avait dit qu'elle avait enquêté sur moi, qu'elle avait connu des gens qui me connaissaient. Elle connaissait pas mal de gens car elle travaillait à l'hôpital de S. [...] ; elle a fait son enquête, et elle m'a dit : « J'ai enquêté sur vous et on m'a dit du bien de vous » ; ce furent ses paroles au tout début du placement. Je pense que quelque part elle était soulagée, mais quand même, il y avait le fait que je lui prenais son enfant ; puis, au fil du temps, on a créé des liens.
Quand j'emmenais Dorothée chez elle, je descendais, je discutais un petit peu, mais c'était selon le temps qu'elle me donnait, je n'insistais pas. Petit à petit j'ai senti qu'elle se sentait en confiance avec moi [...].

Avec Dorothée, souvent on discutait et je lui disais : « De toute façon tu vis chez ta maman comme tu le fais habituel-

lement chez elle, parce que tu ne peux pas faire tout à fait comme ici. » En effet, au début, Dorothée a vu la différence de vie, elle a vu que j'étais différente de sa maman, que toutes les deux nous étions différentes, que notre façon de vivre était différente, qu'on faisait plein de choses différentes. Mais quand elle revenait, elle me disait : « Chez moi on fait ci, chez moi c'est ci » ; alors je lui disais : « Dorothée, chez toi, c'est chez toi, chacun vit différemment, et tu ne peux pas non plus changer les gens, ta maman est comme elle est, et tu ne peux l'accepter que comme ça. » Il a fallu du temps pour que Dorothée accepte sa maman comme elle était, ce fut un gros travail, parce que d'emblée, elle aurait voulu que sa maman change. [...]
Quelquefois je lui disais : « C'est vrai, avec ta maman, il s'est passé ça et ça, mais tu ne peux pas toujours être en guerre avec elle. » Je lui expliquais les choses, car même si sa maman ne faisait pas tout ce qu'elle lui promettait, elle avait par ailleurs d'autres qualités, elle faisait bien d'autres choses que j'essayais de lui montrer.
Et puis, il y a eu des passages difficiles dans la vie de Dorothée, par exemple, lorsqu'elle a eu ses premiers petits copains, et que sa maman était contre ; mais j'arrivais à en discuter avec sa maman, on arrivait à en parler.

Mme M. ne pouvait passer nous voir comme elle le voulait car il y a des règles à respecter. Je lui avais dit : « Vous savez, on a des autorisations, c'est moi qui vous l'amène », et elle, elle la ramenait ; mais dès qu'elle arrivait, je descendais, ou bien je ne la voyais pas et Dorothée arrivait toute seule.
Au début, selon mes souvenirs, je lui ai toujours dit : « Vous êtes la maman de Dorothée, c'est vous qui êtes sa maman, moi je ne suis pas sa maman. »
J'ai toujours eu beaucoup de respect pour elle dans la manière dont je lui parlais. Je ne lui disais pas : « Tiens, je veux qu'elle fasse ça ou ça », non, je faisais toujours en sorte, comme je le fais actuellement avec la maman des autres petits, que ce soit eux, les parents, qui restent les responsables de leur enfant, car ce sont eux les parents. Selon la façon dont je vais m'adresser à elles, les mamans vont se sentir considérées comme responsables ou pas ; c'est le fait qu'on en discute qui est important et ça me permet parfois de

leur glisser des choses que j'ai besoin de leur dire ; mais ça se fait comme ça, sur le moment, spontanément, naturellement.

Il est vrai que je disais aussi à Mme M. quand elle avait raison, parce qu'elle avait souvent raison, même si Dorothée ne l'acceptait pas ; elle avait raison sur plein de choses, sur l'éducation, entre autres.
Le grand malheur de Mme M. c'est qu'elle croyait que Dorothée ne faisait rien à la maison, et elle lui répétait : « Toi, Mme Line, elle te fait tout », alors je lui disais : « Non, Dorothée fait son lit et range sa chambre. » Elle est très bordélique, mais je lui demandais de mettre de l'ordre dans sa chambre le jeudi soir parce que je faisais le grand ménage le vendredi.
Je disais à sa maman : « Pour moi, ce qui est important, c'est que Dorothée puisse faire ses études, et ce qu'elle a à faire », parce que je n'allais pas lui demander plus qu'à mes enfants. C'était pareil pour elle, je ne lui demandais pas de choses en plus, pas plus que je n'en demandais à mes enfants. Je disais donc à sa maman que ce serait pour elle comme pour mes enfants, et qu'on ne pouvait lui demander d'en faire plus car elle avait ses devoirs à faire chaque jour.
Mme M. voulait un peu élever sa fille à travers moi, car elle aurait voulu que Dorothée fasse ici comme elle faisait chez elle ; alors, je lui disais : « Chez vous c'est normal que vous lui disiez de faire ça ou ça, et que Dorothée vous obéisse, ou vous donne son point de vue, mais chez nous, elle s'adapte à notre mode de vie... » Ce fut un long chemin, car Mme M. faisait parfois des reproches à sa fille.

Mais je pense que ce n'était pas facile pour elle de voir sa fille vivre ailleurs et autrement que chez elle, surtout qu'elle pensait que Dorothée ne faisait rien à la maison ; elle devait craindre qu'elle devienne paresseuse. Dorothée lui en voulait de ses reproches, et elles étaient souvent en conflit ; ce ne fut pas toujours simple pour les deux.
Ce qui m'a paru essentiel, c'est que Dorothée voie que je ne me mettais jamais en conflit avec sa maman et que je pouvais toujours discuter avec elle.
Nous discutions de son boulot, j'écoutais beaucoup ce qu'elle me disait. J'ai aussi connu la période où Jean n'était pas encore revenu chez sa mère et durant laquelle Dorothée

voyait sa maman et son grand-père maternel, car Mme M. avait de gros problèmes avec sa maman à cette époque-là. Le grand-père était vivant, et je le connaissais, car il venait en mobylette de T. pour voir Dorothée ; c'est vrai que c'était quelqu'un de très gentil, je le voyais de temps en temps.
Avec Mme M., nous parlions donc de sa famille aussi, de ce grand-père, car Dorothée est allée quelquefois passer une journée chez ses grands-parents, je l'emmenais.

Dorothée me demandait quelquefois d'aller voir sa grand-mère à T., alors je l'emmenais, je montais, et je discutais avec les grands-parents ; mais ça n'a dû être que trois ou quatre fois en sept ans.
La grand-mère avait cette même façon d'être que Mme M. Au début elle m'a mal acceptée car j'étais une étrangère pour elle ; et puis elle a vu que j'étais quelqu'un qui discutait et que j'étais comme les autres. La grand-mère, c'était quelqu'un quand même !
Mais elle s'est mise à parler avec moi, elle a été gentille, et puis le grand-père était quelqu'un de vraiment très gentil. J'allais au-devant d'eux, je leur serrais la main, et ça les étonnait car ils ne pensaient peut-être pas que je puisse leur serrer la main. Ils étaient très méfiants, comme Mme M. aussi, mais je lui parlais comme j'aurais parlé à quelqu'un d'autre qui aurait eu un travail plus important. Pour moi, c'est pas gênant, et c'est normal.
Je vois bien que ces gens-là sont très mal à l'aise ; je vois que d'emblée, ils se prennent pour des gens avec lesquels on ne va pas discuter et qu'on ne peut pas côtoyer normalement. Ils pensent qu'ils ont une étiquette, car ils doivent se dire : « On a une enfant placée, on n'a pas de chance, on voit des gens nous montrer du doigt, les gens ne veulent pas parler avec nous… », c'est toujours ça qui revient, ils se sentent quand même persécutés et blessés, ces gens-là.

D'emblée, j'ai rappelé à Mme M. qu'elle était bien la maman de Dorothée, et que je ne voulais surtout pas que ça se passe mal. Je faisais tout pour éviter cela, car c'était important pour Dorothée et pour sa maman ; donc j'arrivais à discuter de tout, de la façon dont Dorothée s'habillait, de la façon dont ça se passait à l'école, et c'est vrai qu'on arrivait toujours à

penser des choses identiques ; nos façons de voir les choses n'étaient pas très éloignées.
On discutait sur son avenir, sur le poids de Dorothée, parce qu'elle a un gros problème de ce côté-là, donc on en discutait, et je lui disais de faire attention, et elle essayait, mais je ne pouvais pas non plus intervenir plus.
Et puis, Dorothée a eu des copains, elle a eu son premier copain ; je lui avais fait prendre la pilule, mais seulement après en avoir discuté avec sa maman, et avec l'autorisation de sa maman. Elle voyait bien que je la faisais participer, et que je participais ; on faisait beaucoup de choses en accord. Je prenais rarement de décisions sans lui en parler, vraiment très rarement. Mais forcément, il y avait aussi les services sociaux qui eux me disaient : « Il faut faire ceci, il faut faire cela », mais j'arrivais toujours à en discuter avec la maman de Dorothée, même si quelquefois c'était déjà commencé, ce qui était rare. C'était quand même quelque chose d'important, surtout que Mme M. comprend très bien ce qui se joue, ce qui se passe.

Avec les services sociaux, ce n'est pas toujours simple ; j'ai dû changer de référent quatre ou cinq fois pour Dorothée, c'est de la folie, car, à chaque fois, il faut tout recommencer. C'est une gamine qui allait avoir 14 ans quand je l'ai eue, et on ne peut pas dire qu'ils m'aient conseillée sur la manière de me positionner vis-à-vis de sa maman. […]
Une fois, il y a eu une crise grave chez sa maman, ce fut violent au niveau des paroles, Dorothée s'est sauvée, ils ont tous eu peur ; elle revenait chez nous à pied. On a essayé de la calmer et on l'a ramenée chez sa maman. On a discuté et finalement tout s'est apaisé.
Je n'avais pas fait appel aux services sociaux cette fois-là ; et, en plus, le lendemain je me suis permis d'aller discuter avec la maman de Dorothée qui, elle, était revenue à la maison. Nous avons discuté, et elle m'a dit que Dorothée lui prenait la tête au sujet des copains, du petit copain, et que ça avait conduit à des mots et à des gestes. Nous sommes arrivées à bien discuter, et j'ai même pris un café avec elle. Mais nous savions garder la bonne distance, elle m'appelait Mme Line, moi je l'appelais toujours Mme Marie ; je refusais de trop m'impliquer.

Mais là, on a discuté et on a pris un petit café ; on a beaucoup parlé sur la façon dont s'était passé l'événement de la veille [...].
Mais après, j'ai dû appeler le service ; j'ai expliqué ce qui s'était passé, et on m'a dit : « Vous avez fait le travail que nous aurions dû faire, vous avez bien assumé. »
J'ai réussi, en parlant avec Mme M., à ce que ça se passe mieux avec Dorothée, qui est retournée chez sa maman. Ça se passait bien parce que j'arrivais toujours à discuter avec elle, même s'il y avait des fois où je ne l'approuvais pas, d'ailleurs, je lui disais gentiment. [...]

Je pense que Mme M. ne sait pas dire à sa fille qu'elle l'aime, car elle l'aime vraiment. Je crois que Dorothée en a besoin, et c'est vrai que c'était difficile pour moi de dire à sa mère : « Elle a besoin que vous lui disiez que vous l'aimez... », ça je ne pouvais pas, c'était difficile, parce que si je lui avais dit ça, je pense que Mme M. m'aurait dit : « Non, ce n'est pas vrai, elle a ce qu'il faut... »
Dorothée est attachée à sa maman, très attachée, et c'est quelque chose de fort, malgré les problèmes qu'elles ont eus toutes les deux.

Lorsque Dorothée est partie définitivement de chez nous, je lui ai dit : « Il faut que tu essayes de prendre ta vie en main maintenant, mais je serai toujours là, tu pourras toujours compter sur moi et tu peux toujours m'appeler si tu as besoin de quelque chose. »
Dorothée n'a pas eu du tout le même parcours que Damien, son petit frère, a eu avec sa maman, et je pense que ça lui manque énormément. [...]
Mme M. faisait souvent des compliments à Dorothée, mais de l'avis de Dorothée, ce n'était jamais assez. J'ai essayé de lui faire comprendre qu'il fallait qu'elle accepte sa maman comme elle était, que sa maman l'aimait malgré tout ce qu'elles avaient vécu, et je lui donnais parfois des exemples qui lui montraient ce que sa maman faisait pour elle.

Avec le référent, on a contacté son papa. À la fois elle le rejetait mais elle souhaitait aussi le revoir ; ça s'est passé au tribunal, ils se sont retrouvés dans les couloirs du tribunal, ils étaient en larmes tous les deux. Dorothée était mieux à ce moment-là, mais elle pensait qu'après, tout allait être beau. C'était sa volonté à elle de revoir son papa, on en avait beaucoup parlé, mais il y avait trop de haine dans son corps.

Il y a eu de la maltraitance dans cette famille paternelle. Il est vrai qu'on ne peut pas oublier tout ça, ça c'est sûr ; et puis on voyait bien que ce papa était très maladroit et qu'il ne savait pas faire avec une jeune fille qui l'avait dépassé ; mais elle voulait revoir son visage, elle ne savait plus trop comment il était. Ensuite, il l'a reçue à deux ou trois reprises, et sa belle-mère a fait un effort, mais je pense que Dorothée ne voulait pas que ça se poursuive.
Ensuite, je lui ai proposé de lui écrire, et puis d'elle-même, elle m'a dit non, ou elle me disait : « Je verrai, je verrai… », et je pense qu'actuellement elle n'a plus du tout de contact avec son papa, et c'est son affaire ; mais au moins, il n'y a plus cette haine.

C'est vrai que le parcours de Dorothée a été difficile, parce qu'elle rêvait d'avoir une vie normale. Ce passage à la maison, la vie qu'elle a eue ici, ça lui a apporté beaucoup, parce qu'elle a vu comment on pouvait vivre normalement en famille, et elle me disait : « Je serai comme ça avec mes enfants. » […]
Avec les parents, nous, en tant que famille d'accueil, il nous faut y aller tout doucement, avoir beaucoup de respect, voir s'il peut y avoir un contact, s'il peut y avoir discussion, et tout d'abord, leur faire comprendre qu'ils sont les parents, qu'ils restent les parents de leur enfant, il faut toujours penser à le rappeler. C'est ma façon d'être, mais si cette maman n'avait pas voulu me voir, il est vrai que j'aurais seulement amené et récupéré l'enfant, j'aurais respecté ça, mais je pense que j'aurais quand même fait des petites tentatives de discussion autour de n'importe quoi, pour essayer et permettre de mieux nous connaître.
Nous sommes parfois dans des positions complexes car il nous faut nous situer entre les services sociaux, les parents ou la maman, et l'enfant qui est là, mais avec Mme M. j'ai toujours pu négocier sans systématiquement passer par les services sociaux, c'était des choses que je savais que je pouvais faire, parce que j'étais obligée d'en parler, mais j'en parlais après.

Il est vrai que je n'en parlais pas toujours avant pour demander ce que je devais faire ; j'en parlais après et je me disais que peut-être ce n'était pas ce qu'il fallait faire. Mais dans cette situation, j'ai souvent fait sans les services sociaux, parce que j'arrivais à déceler la demande, les attentes chez cette maman et que je savais à peu près comment parler avec elle.
Pour que ce soit plus facile, je savais qu'il valait mieux le faire en direct, tout en sachant qu'il ne fallait pas que je fasse certaines choses, par exemple, je ne pouvais pas autoriser un week-end.

Il y a des choses que Mme M. m'expliquait, elle me disait comment ça s'était passé, et puis, j'avais l'autre version, celle de Dorothée, parfois différente de la sienne, mais il est vrai que je comprenais Mme M. sans le lui dire vraiment. C'est difficile à expliquer parce que c'était spontané, au moment où les choses se passaient, et j'en discutais tout de suite avec elle. Chez elle, on échangeait sur plein de sujets, sur l'avenir de Dorothée, sur son avenir à elle, sur des choses pour lesquelles j'intervenais, et que je partageais avec elle.
La maman des deux petits que j'accueille habite juste à côté de chez Mme M. et elle a vu l'évolution de ces deux enfants [...] ce qui lui a sûrement donné plus de confiance en moi, mais il y a aussi le fait que j'avais moi-même des enfants.
Dorothée va avoir 22 ans et L., ma fille aînée, va avoir 21 ans, et c'est curieux mais entre elles ça s'est très bien passé, elles n'ont pourtant jamais eu de complicité ensemble, mais elles se sont toujours respectées, et il n'y a jamais eu de problèmes entre elles. C., mon autre fille, qui était plus petite, jouait beaucoup plus avec Dorothée, aux Lego, à la Barbie.
Personne à la maison n'a dénigré Dorothée, elle faisait partie de la maison ; mon fils n'était pas souvent là, il est parti de bonne heure. Mais il est vrai que Mme M. a connu mes enfants, et ça l'a certainement rassurée. [...]

C'est difficile à dire, mais il y a des choses étonnantes chez certains travailleurs sociaux, parce que lors d'une synthèse l'année dernière pour les deux petits, il y avait un psychologue qui s'étonnait de voir ma famille tenir la route. Eh bien, je me suis trouvée très embarrassée parce que le fait d'être depuis bientôt trente ans avec mon mari, d'avoir des

enfants qui sont sympas, ce n'est plus la norme, c'est devenu presque inquiétant !
Il a voulu chercher la petite bête. Je ne lui en veux pas parce que je le comprends un peu, car il y a, bien sûr, ce que l'on voit et ce qui se passe quand la maison est fermée, et là, ça peut se passer autrement. Mais, à la maison, on discute ; je ne suis pas toujours d'accord avec mes enfants, mais on en parle, il n'y a pas de porte qui se claque, il n'y a pas des gens qui se battent, on ne se traite pas de tous les noms, on va se le dire quand on est en colère, on fait la tête pendant dix minutes. Mais lui, il ne comprenait pas ça, il cherchait, il cherchait quelque chose, et là, je lui ai dit : « Mais là, vous êtes en train de chercher quelque chose qui n'existe pas… » ; j'ai vu qu'il n'avait pas compris, mais, heureusement, mon référent était là, il me connaît, et il a essayé de le rassurer. C'est étonnant, mais quand on a peu de problèmes, c'est inquiétant !
Tout cela est bien difficile à comprendre, et, parfois, certains travailleurs sociaux cherchent vraiment des problèmes là où il n'y en a pas. […]

Comme vous le voyez, Dorothée a connu une maison où on pouvait discuter. Dorothée n'a jamais piqué d'énormes colères, n'a jamais claqué les portes, elle a eu des moments durs, elle pleurait, j'allais la voir et on discutait. Quand elle pleurait, c'était souvent un ras-le-bol vis-à-vis de sa situation ; et, comme elle ne pouvait pas s'empêcher de toujours tout raconter à tout le monde, elle se faisait mettre à l'écart à l'école, elle était en douleur permanente, elle racontait sa vie, son placement, et elle n'était pas toujours gentille avec les autres. De cela, j'en ai été peinée, vraiment peinée, et je lui disais : « Tu sais, Dorothée, moi je te connais et je sais que tu vaux quelque chose, regarde à la maison comment ça se passe… » Elle se faisait rejeter, c'était affreux.
Dorothée est incroyable, elle avait une ou deux copines, elle a réussi à avoir un copain qui a vécu chez sa maman pendant quelque temps ; il était gentil, je l'ai connu ; mais ça s'est mal passé, il y a eu des problèmes […].
Mais Dorothée, en dehors de la maison, quand elle allait à la plage, où chacune avait ses copains et ses copines, elle faisait

tout pour qu'on la déteste, qu'on la rejette. Dorothée fait tout pour qu'on déteste Dorothée, c'est un peu ça.
Il y avait donc un travail que j'étais toujours en train de faire avec elle, qui était de la valoriser car elle se sentait toujours dévalorisée.
Au lycée, ils lui ont donné une chance, et la première année s'est bien passée, elle avait des copines ; et après elle a fait la section routière, comme sa maman, car sa mère a fait ça aussi. Dorothée a fait un essai, elle a redoublé une fois, et quand elle a vu que c'était difficile pour elle, elle s'est fait aider, mais ses copains et ses copines l'ont écartée, ils la mettaient de côté.
Dorothée faisait vraiment tout pour ça ; elle revenait même de colonie avec tout le monde à dos. Je lui disais : « Dorothée, je sais que tu es capable d'être sympa, essaie de faire attention, et de discuter » ; car, à l'extérieur, pour montrer sa différence, son désaccord, au lieu de discuter, c'était toujours des explosions, c'était toujours très fort, alors elle se faisait exclure tout le temps ; elle se marginalisait et elle racontait toujours qu'elle était placée. [...]

Elle revient nous voir de temps en temps. [...]
Il est vrai que cet « accrochage » avec sa maman est très fort. Elle a ce passé douloureux et elle a tellement besoin de sa maman, bien que maintenant elle ne pourra plus être le petit bébé de sa maman.
Actuellement, elle s'occupe de Damien, elle parle toujours de lui, elle lui fait faire son travail scolaire, l'aide à mieux écrire, à mieux lire. Elle parlait avec sa maman de ce que je faisais avec les deux autres petits que j'accueille, comment je faisais, et elle essaie de faire pareil avec Damien.

– Dorothée me disait que vous l'avez toujours aidée à comprendre sa maman, que vous avez tout fait pour ne pas l'éloigner de sa maman, que vous lui avez appris à ne pas juger sa mère, et que vous l'avez aidée à mieux se connaître elle-même.

– Oui, c'est vrai, et puis je lui disais souvent qu'il y avait un grand fossé entre sa façon de discuter, ses réactions dans sa vie, et ce qu'elle était au fond d'elle-même. [...]

Il lui fallait s'adapter à ses deux modes de vie, ici et chez sa maman. Elle vivait dans des mondes différents, mais elle a dû essayer d'apporter à sa maman ce complément qu'elle avait reçu ici. Dorothée me disait souvent : « Ma maman, elle n'a pas eu la même chance. »
Je lui disais aussi des choses que je comprenais à travers ma propre vie, parce qu'il ne faut pas croire qu'on est assistante maternelle pour rien, comme ça, par hasard. Notre passé fait qu'on a aussi une expérience personnelle, car, moi aussi, j'ai des parents qui ont divorcé. J'ai un papa qui était un marginal, il était adorable, mais il ne s'est pas beaucoup occupé de moi et de ma sœur. J'étais, moi aussi, en colère envers lui, en colère quand ils ont divorcé, car j'avais, moi aussi, 14 ans, j'ai vécu par ici avec ma maman, lui, il est resté sur B. avec mon autre sœur. Et, pendant des années je l'ai peu vu, une fois tous les cinq ou six ans. Et puis on a su qu'il n'était pas trop bien, et un jour on a appris qu'il était gravement malade, c'était juste avant mon cancer, parce que j'ai eu un cancer moi aussi. J'ai été chercher mon père, je l'ai fait venir à la maison de retraite, et pendant huit mois je l'ai accompagné jusqu'à sa mort.
Dorothée ne l'a vu qu'une fois, elle a su qu'il était décédé. Je lui ai dit : « Tu sais, Dorothée, mon papa il ne s'est pas occupé de moi, mais c'était quelqu'un de gentil, il a fait sa vie, et il ne s'est pas occupé de ses filles, lui non plus. J'ai eu aussi beaucoup de révolte en moi, car il ne s'est pas occupé de moi ; mais je l'ai fait venir et pendant huit mois on s'est retrouvés, et il me disait qu'il était tellement heureux de me revoir. »
J'avais discuté avec Dorothée de tout ça, je lui ai parlé de mon expérience, de ma vie. Tout ça lui a peut-être fait faire un cheminement et des liens avec sa vie à elle. On peut avoir des souffrances toute sa vie, parce qu'il est vrai qu'on ne peut pas oublier certaines choses, mais il faudrait arriver à faire tomber la haine et le jugement parce que chacun a sa vie personnelle et ses raisons qu'on ne connaît pas et qu'on ne peut pas toujours comprendre, pour avoir été comme il a été à une période de sa vie. […]

Mais ces placements qui se font comme ça, ce n'est pas évident. […] Il y a encore trop de placements qui durent

longtemps, alors qu'au départ ils devaient être de courte durée ; il semble qu'on a de telles exigences vis-à-vis de certains parents que le retour devient parfois impossible. Mais il est vrai qu'au départ, dès que l'enfant est placé, on demande beaucoup aux parents : « Il faut que vous soyez comme ci, comme ça », et s'il se passe quelque chose, même minime, ça y est, ça ne va pas, c'est la menace, car il faudrait qu'ils soient parfaits.
Les années passent, et après c'est difficile car certains parents ne savent plus s'occuper de leurs enfants, ou ne peuvent plus.
Pour Mme M., il est vrai qu'on aurait pu lui redonner sa fille, lui faire confiance. Je pense que c'est sa façon d'être, sa façon d'entrer en contact, qui l'a mise en porte-à-faux vis-à-vis des gens et des services sociaux et qui l'a mise en difficulté, car elle dit ce qu'elle pense, sans prendre de gants.
Dorothée a vu ici que ce n'était pas seulement en hurlant que ça se passait, et ça l'a sécurisée. Après elle est retournée chez sa maman qui savait avoir des paroles gentilles avec sa fille ; mais je pense que le problème de Dorothée est qu'elle voulait être maternée comme son petit frère. [...]
Pendant six ans, elle a appris comment on pouvait vivre ensemble et sans violence, et six ans, ce n'est pas rien !

L'accueil de Dorothée fut mon premier accueil, et cette expérience avec Dorothée et sa maman m'a enrichie et m'enrichit tout le temps. Ce qui m'a perturbée au départ, ce fut ce sentiment de la prendre à sa maman. Je me mettais à sa place et j'imaginais qu'on m'enlève ainsi un de mes enfants, ça ce fut quelque chose de difficile pour moi, cette idée d'enlever un enfant à sa maman, et d'imaginer que son enfant puisse vivre ailleurs. Ce doit être terrible pour une maman.
Il est vrai que le rôle de la maman, la place des parents, restent très importants. Je parle régulièrement des parents avec les enfants. L'essentiel est de garder des relations avec les parents, de leur faire toujours savoir que ce sont bien eux les parents, de respecter leur façon de faire, et si parfois on est un peu en désaccord, il faut aussi savoir le dire. Ce n'est pas parce qu'ils ont fait un jour une erreur qu'ils ne peuvent plus élever leurs enfants, ce n'est pas vrai ça, en tout cas pas pour tous. La preuve en est que Damien est toujours resté

vivre avec sa maman, il est en bonne santé, et il n'a pas l'air malheureux, pas du tout. Il faut parfois juste les aider un peu, ces parents, et surtout au moment où ils rencontrent des difficultés.

Pour Dorothée, ça a marché parce qu'elle a dû penser que nous étions « la bonne famille » ; elle nous a acceptés, elle semblait contente quand elle nous a vus la première fois.
Ce qui me rendait triste, c'était ce qu'elle montrait aux autres, et je lui disais : « Je sais, Dorothée, que tu n'es pas celle que tu montres aux autres, il faudrait que tu essayes de combattre ça, car tu fais ton malheur. »
C'est dommage qu'elle ait besoin de montrer cette agressivité envers les autres, envers la vie peut-être, tout simplement, et c'est pourquoi j'essayais de la valoriser, en la gratifiant, en allant acheter des vêtements, en allant chez la coiffeuse ; elle a de très beaux yeux, et je lui faisais valoir ses côtés positifs, ce qu'elle a de joli.
Je pense qu'un temps de retrouvailles sera nécessaire pour que Dorothée réapprenne à vivre dans sa famille, avec sa maman, sans se sentir en conflit de loyauté soit vis-à-vis de nous, soit vis-à-vis de sa maman. Il ne faut pas vouloir aller trop vite, elle a besoin d'un temps d'adaptation, car c'est quand même une nouvelle vie qui commence pour elle.
Je l'aime beaucoup, et j'ai surtout envie qu'elle s'en sorte. Mais je ne vais pas dire comme une assistante maternelle, dans une émission de télé, que les enfants placés chez elle étaient comme ses enfants. On lui a quand même demandé pourquoi elle ne s'était pas aperçue que son propre fils ne savait pas lire à 7 ans. Quelque part, elle avait dû oublier les siens.
Il ne faut pas mentir quand même, et elle n'était pas représentative des assistantes maternelles. Un petit garçon que j'accueille m'a dit une fois : « Ce que je voudrais, moi, c'est la moitié de ma maman et la moitié de toi en même temps », c'est beau !

– Pourriez-vous faire un résumé de ce que fut votre relation avec la maman de Dorothée ?

– J'ai toujours été respectueuse, et avec le respect, la suite vient, et tout est plus facile. C'est sûr que j'ai dû beaucoup l'aider, et elle était à l'écoute de tout ce que je pouvais lui dire.

C'est difficile à dire parce que c'est un peu en moi. J'ai dû l'aider sans trop m'en rendre compte, parce que je suis exigeante et que je ne suis pas quelqu'un qui bâcle, surtout quand il s'agit de l'être humain, car ce n'est pas rien et on ne peut pas faire n'importe quoi. Je ne réfléchissais pas non plus longtemps à l'avance sur ce que j'allais dire, parce que c'était spontané ; je réagissais sur le fait, sur ce qui se passait là, à l'instant. Mais il est vrai que j'ai senti que j'avais une bonne relation avec Mme M., et c'est surtout lorsqu'on faisait une synthèse que je m'en rendais compte et que je pouvais le dire. Elle était à l'écoute de tout ce que je pouvais lui transmettre, elle n'était pas bloquée, c'était une femme plutôt ouverte.

Elle disait souvent à Dorothée : « Je suis ta mère », mais elle ne me l'a jamais dit à moi ; peut-être qu'elle a vu que je n'ai jamais voulu lui prendre sa fille.

Je la consultais pour tout. Pour l'orientation scolaire et tout ce qui concernait sa fille, je lui en parlais, car je savais qu'elle avait besoin d'en discuter, et surtout qu'elle s'y intéressait en tant que mère.

Elle s'intéressait vraiment à la vie de sa fille, elle était une mère, elle était mère avant tout, il fallait le reconnaître et l'accepter, et c'est ce que j'ai toujours tenté de faire. »

5

Récit d'Anne, assistante sociale

« J'ai rencontré Mme M. dans le cadre de ma mission d'assistante sociale en AEMO [1], lors d'une mesure d'assistance éducative. C'était au cours d'un été, j'étais de service, et vu l'urgence du dossier, j'ai pris cette situation car elle était sur mon secteur. L'urgence était que nous constations que pour le plus jeune enfant, Damien, qui allait dans un institut de rééducation (IR) avec internat de semaine, la mesure en cours allait à l'encontre de l'intérêt de ce petit dernier ; de plus, la maman avait bien dit en juin qu'elle n'y remettrait pas son fils en septembre.

L'établissement (IR) était très inquiet ; il y avait un an que cet enfant était là, après avoir été orienté par la CDES [2] en internat, avec l'idée, pour les travailleurs sociaux, de séparer cet enfant de sa mère, car, d'après eux, il y avait une relation fusionnelle pathologique mère-enfant.

De plus, cet enfant ne s'était pas du tout investi dans l'IR, selon les rapports et ce que j'en avais compris. Il n'avait pas progressé scolairement, ce qui était d'ailleurs le premier motif évoqué par madame. Celle-ci avait donc de très bonnes raisons de dire « je demande à la CDES que Damien soit

1. AEMO : action éducative en milieu ouvert.
2. CDES : commission départementale de l'éducation spécialisée.

orienté dans un autre établissement afin qu'il puisse rentrer tous les soirs à la maison ».

J'ai habitude de travailler à partir du dossier ; mais pourquoi et pour y voir quoi ?
Pour essayer de comprendre dans quelles relations et dans quels jeux relationnels se trouvent les travailleurs sociaux et les différents partenaires qui rencontrent cette famille. À travers l'étude du dossier, j'essaie de comprendre ce jeu relationnel dans l'ici et maintenant du travail, comment il est en résonance avec les modalités relationnelles de cette femme par rapport à sa propre famille, comment elle a appris, comment elle a construit ce monde relationnel.
En étudiant ce dossier, je fais quelques hypothèses. Cette maman, du fait de son histoire, a un modèle parental, surtout maternel, très abandonnique, violent, et très disqualifiant, en tout cas à son encontre. Je vois donc une femme très dévalorisée ; je crois me souvenir que sa mère a dû élever l'un de ses fils, son aîné, ce qui la conduit à être encore plus disqualifiée par sa mère.
Elle semblait être dans une loyauté à sa mère qui faisait qu'elle était la mauvaise mère, et elle le confirmait ; elle se disait : « Je voudrais être reconnue comme mère », mais elle se trouvait dans une posture où elle ne pouvait que se dire : « Je suis la mauvaise, ma mère ne m'a pas aimée et si ma mère ne m'a pas aimée, ça vient de moi, c'est de ma faute [...] » L'hypothèse est très globale, mais d'emblée, d'après les services sociaux, il n'y avait rien de positif du côté parental.

J'essayais de me représenter cette femme, comment elle avait pu mettre au monde et être avec ses enfants. D'ailleurs on aurait pu penser, et c'est ce qui s'est avéré, qu'elle se présentait comme une mauvaise mère, une mère en difficulté puisqu'elle avait des enfants placés ; et voilà que ce troisième qui n'est pas de la même histoire, le voilà lui aussi placé, alors qu'il n'a pas été placé d'emblée.
C'est là que je me suis dit que cette femme avait quand même tenté d'être mère, tenté de prouver qu'elle pouvait l'être puisqu'elle avait pu tenir onze ans durant lesquels elle avait su

élever Damien [3], et qu'elle voulait nous montrer qu'elle était capable d'être une bonne mère, mais, encore une fois, c'était un échec.

Je me suis alors dit qu'il devait être question de la posture maternelle de cette femme face à son identité de mère, qu'on pourrait résumer ainsi : « Je veux être mère, aidez-moi à l'être, car je n'y arrive pas », et sa revendication était : « Je veux prendre en charge mon fils. »

Mon travail consiste à aller à la recherche des compétences, et j'ai vite vu une compétence à valoriser chez Mme M. Je me suis dit que ce gamin qui n'avait pas du tout investi l'établissement semblait être totalement dans un souci de restauration de sa mère, en voulant dire : « Je ne peux être bien qu'avec elle, je ne peux travailler qu'avec elle, donc je ne ferai rien à l'IR, je ne peux pas investir ce lieu, et je participe pour dire : oui, ma mère est une bonne mère. »

Je suis partie à la rencontre de cette femme avec ces hypothèses-là.

Mme M. était une femme en quête d'une reconnaissance de sa place de mère, et sans doute avec une mésestime totale d'elle-même. [...]

Je vais au domicile, avec tout ça dans la tête, mais j'y vais aussi pour vérifier mes hypothèses parce que je me suis peut-être complètement trompée. Il me faut comprendre pourquoi cette maman est si agressive, si difficile avec les services sociaux, avec toutes les institutions, avec tout ce qui est institutionnel. Peut-être ne lui ont-ils renvoyé qu'une image de mauvaise mère, car ils n'ont pas su lui renvoyer une image positive d'elle-même, ce qui pourrait être à l'origine des relations très conflictuelles qu'elle a avec les services sociaux et l'institution.

Je savais, du fait que je venais d'un service social, qu'elle pourrait être très agressive à mon égard ; alors d'emblée, j'ai adopté une position très basse, pour tout de suite trouver le petit truc qui la laisse bien à sa place.

Quand je suis arrivée, j'ai vu une femme qui me montrait qu'elle était bien chez elle, car c'est chez elle que je suis allée,

3. Dorothée a vécu, elle aussi, onze ans auprès de sa maman, jusqu'à son départ chez son papa.

puisque c'était une visite à domicile. J'ai dû y aller trois fois avant qu'elle m'ouvre et que je la voie. Il y a donc eu du temps avant que je puisse la voir et qu'elle me laisse entrer, enfin qu'elle m'ouvre la porte seulement, car la première fois ça s'est passé sur le palier. Et j'ai vu une femme très, très agressive, écorchée vive, qui, avec une voix défensive, se positionnait en me disant : « Moi, je vais faire [...], moi, je sais faire [...] »
C'était intéressant, car je pouvais tout de suite lui dire : « Oui, d'accord, bien sûr. Mais, madame, avez-vous fait le nécessaire pour Damien, car il s'agit de la CDES et vous avez un droit, mais avez-vous vraiment saisi la CDES ? »
J'ai tout de suite resitué la rencontre, non pas par rapport à mon empathie pour elle, mais par rapport à un droit qu'elle avait en tant que citoyenne. Elle avait bien téléphoné en avril ou mai, mais il ne semble pas qu'elle ait réclamé quoi que ce soit à ce moment-là ; alors je lui ai dit : « Madame, il faut faire connaître votre désaccord, car je pense que vous avez de très bonnes raisons pour le faire, c'est à vous de le faire, bien sûr. »
Et c'est à partir de là qu'un échange a été possible et que notre travail a pu commencer, c'est-à-dire, quand je lui ai dit qu'il fallait qu'elle ose dire toutes les bonnes raisons qu'elle avait pour demander le changement d'école de Damien, qu'il fallait qu'elle puisse les expliquer à la CDES, mais également, qu'ensemble, nous pouvions parler des bonnes raisons qu'elle avait, et que j'étais prête à les entendre et à les faire valoir, même auprès du juge qui disait qu'il fallait qu'on place cet enfant en IR.

Il est vrai qu'au vu du dossier de l'IR, je ne voyais pas les raisons qui conduisaient à séparer cet enfant de sa maman, je ne voyais vraiment pas de raison suffisante, si ce n'est qu'on parlait d'une relation fusionnelle, mais qu'il n'y avait pas de matériaux, pas de preuves, rien d'élaboré et pas de sens donné à cette décision ; ça semblait être de l'ordre de l'intuitif, et on ne pouvait pas imaginer qu'il y ait eu un travail de réflexion de la part de l'IR. Peut-être qu'il l'avait fait, mais à travers les écrits nous ne le sentions pas, et on ne peut prendre une telle décision seulement sur de l'intuitif.

Je constatais que cette mère pouvait déranger les services sociaux. On sentait bien qu'il y avait des problèmes de relation avec elle et que l'on considérait, d'emblée, qu'il n'y avait rien de possible avec cette mère car, comme elle ne collaborait pas, on ne pouvait rien faire avec elle.
Puisqu'il n'y avait pas de collaboration et qu'elle avait déjà eu deux enfants placés, il était trop facile de prendre sa place. S'il n'y a rien de possible avec cette mère, c'est dangereux et, en conséquence, il faut placer l'enfant. Voilà de quel danger il s'agit, et cela sans preuves, sans matériaux, sans qu'il y ait du sens mis sur les actes. Simplement, on dit qu'il y a danger.
Je peux cependant comprendre qu'on puisse avoir des doutes, parce que l'appartement était dans un grand désordre. Mme M. m'a fait entrer dans la cuisine, et tout de suite j'ai vu une femme qui se débattait, qui était dépassée. [...]

Nous avons vécu un moment très intéressant, lorsque j'ai pris le même ton ferme qu'elle et que je lui ai dit, au sujet de la CDES : « Madame, c'est un droit que vous avez en tant que parent de votre enfant ; il y a une commission de recours, et vous pouvez lui donner les raisons qui vous poussent à demander une autre école pour Damien. » Elle fut étonnée, et je l'ai encouragée à travailler les raisons qui la poussaient à demander ce changement d'école.
« Madame, vous dites que Damien n'a rien fait au niveau scolaire, vous êtes très soucieuse de sa réussite, vous voulez qu'il réussisse, et ça, madame, c'est une préoccupation maternelle positive que personne ne peut désapprouver [...]. »
J'étais en quête du moindre indice revalorisant ses compétences maternelles. Une mère qui veut que son enfant réussisse, personne ne peut aller contre, car c'est une bonne attitude maternelle.
Son fils était encore là, il partait en colonie le lendemain, je pense, il est venu un peu près de nous, il entendait que je valorisais sa mère, et ça c'était très important.
Il réalisait qu'il n'était pas responsable de la situation de sa mère. Il n'avait rien fait à l'école, mais il entendait que sa mère était disponible et qu'elle pouvait le faire travailler. Ce qui était intéressant c'est qu'elle avait déjà réussi à lui apprendre un peu à lire, et s'il en était là, c'était bien grâce à elle, car elle le faisait travailler le soir. [...]

Lorsque je suis entrée la première fois dans l'appartement, Mme M. était au milieu de sa cuisine, le gamin circulait, il y avait l'ami de sa fille qui s'était mis dans l'embrasure de la porte, sa fille, Dorothée, qui circulait et qui ronchonnait : « Oui, de toute façon, si vous êtes là, c'est que vous voulez placer Damien. » Je la sentais dans un certain mal-être, ainsi que ce jeune homme qui s'est positionné comme un père, comme l'adulte et dans un discours très ambivalent : « C'est moi qui lui ferai faire ses devoirs le soir puisque je suis là. » J'ai alors pensé qu'il prenait la place des services sociaux, c'est-à-dire une posture qui dévalorisait madame, et qu'il y avait un problème de place. La place de ce garçon qui voulait aider et qui en même temps disqualifiait cette femme, car il lui disait : « Mais tu sais bien, avec toi il s'énerve… »
Mme M. me parle aussi de la violence qu'elle a parfois dans ses rapports avec son fils quand elle est agacée, et cela, elle l'aborde dès le premier entretien.

J'ai donc mis l'accent sur le scolaire car là c'était positif et valorisant. Mme M. est une maman qui veut que son fils réussisse. Elle me disait : « Moi, je peux aider Damien, j'ai ma méthode à moi » ; le jeune homme lui disait qu'il saurait faire ce qu'elle ne savait pas faire, il la disqualifiait finalement, alors qu'elle, elle le prenait en soutien ; il se situait en grand frère, en substitut de grand frère.
J'ai tout de suite discuté des positionnements, et je lui ai dit : « Je ne saisis pas, car vous êtes en train de dire que Mme M. ne peut pas et que c'est vous qui allez savoir faire, là je ne comprends plus… » J'essayais de montrer que là ça n'allait pas et que ce n'était pas au dit grand frère de lui donner un coup de main, qu'elle était une maman qui revendiquait ses droits pour s'occuper de son fils, que ses arguments tenaient la route, et que c'était à elle de s'en occuper.
En tout cas, dès le premier entretien, il y a eu affrontement avec ce garçon qui voulait toute la place et qui devait être dans une souffrance de reconnaissance. Je ne sais pas quelle place il avait auprès de Mme M., qui semblait s'appuyer sur lui, mais c'était le seul qui n'était pas un de ses enfants. Elle s'appuyait peut-être sur lui pour faire tenir la maison parce que sur le plan de l'autorité, elle était complètement dépassée et complètement vouée à ses enfants.

Lors de ce premier entretien, je l'ai valorisée sur ce qui me semblait juste dans ce qu'elle faisait pour Damien. L'une des principales raisons à adresser à la CDES était que c'était trop dur pour elle de se séparer de son enfant, parce qu'elle avait déjà connu ça, et qu'elle ne pouvait pas accepter de le revivre, ça c'était une raison importante et de poids, on devait en tenir compte, et je l'ai retenue.
De toute façon, Mme M. ne me disait rien d'autre, d'autant que, pour elle, rien d'autre ne lui avait été dit, si ce n'est que l'orientation CDES servait à placer les enfants, c'est ce qu'elle avait entendu et compris. On peut donc mieux cerner pourquoi elle se comportait ainsi, avec une telle agressivité.

Après ce premier temps de contact, je me suis centrée sur le problème IR-CDES. Les arguments qui étaient avancés pour l'orientation en IR, c'étaient les problèmes scolaires de Damien, et je suis restée sur ces problèmes-là, pas sur les problèmes familiaux et fusionnels, et tout ce qui pouvait être écrit sur ce sujet, car j'ai compris à quel point il était trop difficile pour elle de se séparer de son fils.
Je lui ai donné mon point de vue sur les placements, en lui expliquant qu'on peut être bonne mère en plaçant son enfant, et que ça peut être un acte éducatif important. On peut être parfois dans l'incapacité psychique ou physique de s'occuper correctement de ses enfants ; et là j'ai rejoint le rapport des travailleurs sociaux, car j'étais face à une femme très déprimée, d'autant plus qu'on peut avoir une déprime, il n'y a pas de honte à ça.
On voit clairement que Mme M. veut et peut s'occuper de son fils mais qu'elle ne se sent pas disponible, car elle est trop fatiguée. Je lui ai dit que j'allais faire une note au juge en argumentant cela.
J'ai dit au service qu'il était très important de tenir compte du fait que cette femme se mobilisait, que ça se voyait, et qu'elle montrait des aspects vraiment positifs en tant que mère. Elle avait besoin d'être accompagnée mais je sentais qu'il y avait vraiment du travail possible avec elle.
Dès le premier entretien, je suis favorable à ce que la CDES puisse permettre qu'elle soit écoutée et que l'orientation vers un externat soit possible. J'ai fait une note, puis la CDES a contacté le service et j'ai dit que j'étais favorable.

Il y avait un autre argument qui me paraissait très important, car j'avais discuté avec Damien et il m'avait expliqué qu'il ne pouvait pas travailler quand il était là-bas dans la pension. Je lui ai alors posé quelques questions : « Mais qu'est-ce qui se passe pour toi le soir quand tu t'endors, explique-moi comment tu t'endors. Est-ce que tu penses beaucoup le matin, dans ta journée quand l'instituteur parle ? "Voyages-tu" souvent dans ta tête ? »
Je lui posais des questions de ce type, comme j'ai l'habitude de le faire avec les enfants. Il m'a dit qu'il « voyageait » toujours, parfois un petit peu, mais souvent, c'était tout le temps, et dès qu'il entrait dans la classe, mais il a ajouté qu'il ne « voyageait » pas tellement le soir au moment de dormir, et qu'au goûter, et quand la classe était finie, il ne « voyageait » plus ; c'était surtout au moment où il entrait dans la classe qu'il était ailleurs.
On voit ainsi toute l'importance du scolaire et de sa maman, car il me disait que quand il n'était pas avec sa maman, il était triste parce qu'il avait peur qu'elle n'aille pas bien, et qu'elle se suicide. J'ai trouvé que c'était un argument de poids, car cet enfant ne pouvait pas bien s'investir sur le plan scolaire tant qu'il était dans cette inquiétude. Sa maman, émue et étonnée, a dit alors : « Mais c'est vrai, un jour, j'ai dit comme ça, j'en ai marre, je vais me tuer, et je ne pensais pas que ça avait pu avoir cet effet sur Damien ! »
Il y a, pour Damien, quelque chose autour de la mort possible de la maman, et donc le poids d'en être responsable ; [...] je lui ai dit que je comprenais mieux qu'il ne puisse pas travailler à l'école.
J'ai encouragé la maman à faire sa demande en précisant ce qui peut la rassurer et rassurer son fils. Damien allait partir un mois en colonie, c'était déjà une séparation, et l'année précédente, il y était déjà allé. Il pouvait donc se séparer de sa maman, puisqu'il pouvait aller en colonie, mais il ne le pouvait pas pour le scolaire.
Je me demandais s'il n'y avait pas quelque chose de l'ordre du rapport au savoir, de la réussite sociale, de la valorisation, dans ce que cette maman mettait derrière le scolaire. Il me semblait donc important de reconnaître ses compétences à ce niveau, et pour moi, c'était un argument de taille.

Tout cela devenait de plus en plus évident pour moi, et j'étais là pour travailler avec une femme qui avait du potentiel et des ressources, comme de nombreux parents, d'ailleurs, quand on se donne les moyens de les écouter un peu.

Chez Mme M., on ressentait une violence importante envers les services sociaux, à laquelle s'ajoutait une violence familiale. Ils étaient tous dans ces rapports, et cette pauvre femme vivait tout cela dans ses relations : « T'es la mauvaise, tu ne sais rien faire… », tout en essayant de se débattre là-dedans. C'est comme cela que j'ai débuté l'accompagnement de Mme M., et je lui ai dit que je reviendrais la voir pour la tenir au courant au sujet de la CDES, la laissant écrire et envoyer la lettre, car elle avait les arguments, ses arguments.
Dès la fin de cet entretien, j'étais sûre qu'il y avait un travail possible avec elle […]. Je pense qu'elle m'a reconnue en tant que professionnelle, et pas d'emblée en tant qu'ennemie, car elle a pu se dire : « Elle ne vient pas pour placer Damien, elle ne vient pas pour retirer mon gosse, elle me reconnaît en tant que citoyenne et mère. » En effet, je l'avais encouragée à écrire ou donner un coup de fil à la CDES, en tout cas, à les contacter.
Elle fut très heureuse de m'annoncer le résultat, car son fils fut accepté en externat, et il pouvait rentrer tous les soirs à la maison. J'étais contente, parce que c'était sa victoire, c'était elle qui avait réussi auprès de la CDES. Elle pouvait me contrer, eh bien tant mieux, car c'était elle la mère, et c'était sa victoire, celle d'avoir eu cette place en externat. C'est fin juillet que je lui ai conseillé de faire son courrier à la CDES, et la commission s'est réunie au tout début septembre ; ça s'est fait à un ou deux jours de la rentrée.

Je sentais qu'elle était capable d'accompagner son fils, et capable de faire un investissement important pour réussir ce qu'elle voulait, d'autant que je sais comment ils travaillent à l'E., la nouvelle école de Damien. Ils font des synthèses, travaillent avec les familles, et dans le respect des familles.
L'assistante sociale de l'E. s'est mise en rapport avec celle de l'IR pour savoir comment entrer en relation avec cette famille, vu les difficultés qu'elle semblait avoir rencontrées d'après ce qu'elle avait lu dans le dossier, qui était plein de discours négatifs sur les difficultés relationnelles de Mme M.

L'assistante sociale de l'IR disait clairement que ça n'allait pas être facile de travailler avec elle, ceci d'autant plus qu'elle venait d'obtenir satisfaction auprès de la CDES, et qu'elle avait gagné sa bataille.
Ce qu'on peut comprendre là, c'est que du fait qu'elle avait défendu ses droits et obtenu gain de cause, elle était une femme encore plus gênante, elle dérangeait car elle n'était pas soumise à leur bon vouloir. C'est quand même intéressant tout cela !

Je considère que je suis là pour valoriser les compétences des gens et leur dire ce que je comprends de leur situation en leur faisant part de mes hypothèses.
Et là, je voyais que cette femme était dans un travail de restauration d'elle-même, de sa place de mère, et qu'elle avait des compétences pour cela ; en tout cas, c'est ce que je faisais comme hypothèse. J'ai dit à mes collègues que maintenant c'était son affaire à elle, en tant que mère ; d'ailleurs je n'ai jamais revu quelqu'un de l'E. depuis.
Tout de suite ça a bien fonctionné à l'E. Ils ont suivi mon point de vue, et Mme M. leur a donné à voir ce que j'avais vu, ce que j'avais perçu, et ça s'est toujours très bien passé avec elle. Elle défend toujours son point de vue, mais au niveau relationnel, elle s'est tempérée, et évidemment Damien a fait des progrès.
Tout cela, c'était le volet de l'E., et, bien sûr, Mme M. était très contente de tout ce qui s'était passé, et fière de sa collaboration. Elle pouvait dire : « Vous voyez, ce n'est pas moi qui suis mauvaise, mais c'est l'établissement qui n'a pas su faire et qui était mauvais. » Ça lui a permis de se restaurer à plusieurs niveaux, et la suite avec l'E. fut son affaire, plus la mienne, affaire qu'elle a très bien su gérer, de sa place de mère. [...]

J'avais perçu quelque chose, dans cette famille, à partir de sa relation difficile, violente, qui avait peut-être à voir avec cette difficulté de places des uns et des autres qui semblaient mal repérées. Comme les frontières n'étaient pas claires, il y avait des affrontements, surtout avec le fils aîné, avec lequel il y eut des manifestations de violence assez graves.
On pouvait se dire : mais qui est qui, là-dedans ? Qui est le père ? Qui est le frère ? Et le père de cet enfant, où est-il ?

Je me suis intéressée aussi à cette difficulté de Mme M. à laisser la place au père, et j'ai essayé de comprendre cette difficulté. Assez vite, elle a pu me dire que c'était un papa qu'elle avait aimé, mais qu'elle était blessée par la séparation ; que c'était un papa qui n'arrivait pas à assumer son rôle, mais à qui elle demandait d'assumer.
Pendant toute la mesure j'ai travaillé avec ce père, je suis allée sur place, j'ai fait se rencontrer madame, monsieur et leur fils ; et j'ai vu que Damien était content quand son papa est arrivé.
Puis nous avons travaillé sur le rapport père-mère, et là, progressivement, j'ai vu qu'il y avait quelque chose de positif avec ce père, et qu'il y avait du lien ; mais je n'arrivais pas à saisir ce que Mme M. craignait, car on n'était pas dans des rapports conjugaux, mais dans des rapports parentaux ; alors je me disais qu'il y avait peut-être un idéal de père qu'elle voulait donner à son fils, mais je ne cernais pas très bien ce point.

Mme M. est très sensible au droit et à la justice, ce qui fait qu'elle ne peut pas s'opposer aux droits de son enfant, tel le droit de voir son père, et ce fut le fil conducteur de mon action éducative auprès de cette maman.
Elle allait comprendre aussi ce qui est juste au sujet des places, car on a travaillé sur sa place de mère et sur la place du père ; elle a repris sa place, et le père pouvait revenir. Mais qu'est-ce qui se passait dans cet intime qui la conduisait à être dévalorisée, à être dans ce foutoir, à être ainsi au bout du rouleau, malmenée par ses enfants, et avec un gamin tout-puissant ?

Je n'étais pas dans un travail thérapeutique, mais j'ai dit à Mme M. : « Vous êtes maltraitée par tout le monde », et je lui ai rappelé ma mission. Je lui ai précisé que j'étais dans un travail d'action éducative en milieu ouvert, ce qui signifiait aide et soutien aux parents, et que si le juge avait estimé la nécessité d'un placement, il l'aurait fait, mais que cela n'était pas d'actualité ni de mon ressort, sauf si je sentais un danger pour l'enfant, ce que de toute façon je lui dirais tout d'abord à elle.
Je lui ai dit que le juge ne m'avait pas dit : « Mme A., vous y allez pour placer Damien », et ça, je le lui ai répété plusieurs fois, mais je lui ai dit aussi : « Je viens parce que vous êtes la

mère, mais il y a aussi un père et je suis là pour soutenir la parenté. » C'est pourquoi j'ai rappelé au jeune homme qu'il n'était pas le papa, mais qu'il possédait un atout intéressant car il réussissait dans l'accompagnement scolaire, que les grands frères c'était important dans une famille, et qu'à cette place, le plus jeune aurait peut-être besoin de lui ; j'ai valorisé ce qu'il demandait mais en le remettant à sa place, c'était vraiment important.
Ensuite j'ai travaillé avec Mme M. sur sa place à elle, en lui demandant comment il se faisait qu'elle se retrouvait dans une telle situation malgré les capacités qu'elle avait, et je lui ai dit que ce désordre, le désordre de cet appartement, ne lui ressemblait pas.
J'ai rejoint cette femme en lui disant qu'une femme ça se fait respecter, d'autant plus une mère, car pour moi ce que j'entendais, les propos que lui tenaient ses gamins, c'était inacceptable.
J'en suis arrivée à lui dire : « Madame, je vous vois épuisée, vous seriez digne d'aller dans une maison de repos, mais que ferons-nous de vos enfants ? Ils risquent d'être placés ! Alors, je vous propose de faire convalescence chez vous ; mais, vous ne pouvez plus être maltraitée comme ça, et vos enfants doivent comprendre que quand on vit ensemble, on partage les tâches. Une mère est là, oui, mais elle et ses enfants doivent apprendre qu'on partage les tâches ; je vois qu'ils ne vous obéissent pas du tout, vous êtes pire qu'une serpillière. » Et je me mets à dire aux enfants qu'ils prennent leur maman pour une serpillière, voire pire, et que ce n'est pas possible, que c'est inacceptable, et que je ne peux pas accepter cela.
Je leur demande de voir comment ils vont s'organiser. « Votre maman est très fatiguée, et je lui conseille de ne plus rien faire à la maison, elle est en convalescence à la maison, sinon, je vais devoir lui trouver une maison de repos. Madame M., vous voulez assumer, mais vous n'êtes pas en capacité d'assumer, vous êtes trop fatiguée, ce n'est pas possible pour vous de continuer ainsi, vous allez craquer. Madame, je vous interdis de faire quoi que ce soit, je suis directive, mais ça ne fait rien, sinon faites-vous hospitaliser. Maintenant, reposez-vous et dormez… »

Elle ne dormait même plus, c'était infernal, elle était dans un grand état d'énervement et d'épuisement. Je lui ai donc demandé de ne rien faire.

C'est là qu'il y a eu un déclic, je pense, et cela a tenu trois semaines. Alors que c'était un vrai méli-mélo des personnes et des places, et qu'il y avait de l'ordre à mettre, d'ailleurs, il n'y avait qu'elle qui pouvait le mettre, elle a tenu trois semaines.
Cependant, et ça peut vous étonner, je n'avais qu'une crainte, c'était que d'autres travailleurs sociaux passent pendant ce temps-là, qu'ils voient ce désordre, adoptent une tout autre position que la mienne, et fichent tout notre travail en l'air ; car il y en avait partout, on ne savait pas où se mettre, il n'y avait plus de place. Tout respirait de cette confusion totale, de cette confusion des places, il n'y avait plus de place où se mettre, pour s'asseoir, pour dormir, il n'y avait plus de casserole propre.
Mais Mme M. a tenu trois semaines comme ça, sans rien faire, car je lui avais dit : « Vous ne ferez plus les repas, vos enfants sont grands, les deux aînés sont capables de le faire, le petit frère, non, mais ils le feront pour lui. » Et elle s'inquiétait : « Mais si on me voit comme ça, à ne rien faire ? » « Eh bien, si quelqu'un vient, vous leur direz que c'est moi qui vous ai dit de ne rien faire, de vous reposer et de ne plus être l'esclave de vos enfants », donc je signais la garantie.

Eh bien elle a tenu, et ça a été dur parce que, franchement, ce qu'elle a fait, chapeau ! Je suis allée la voir chez elle au bout de trois semaines, et c'était extraordinaire, elle était transformée, on voyait les chaises et les meubles, enfin on voyait les objets, ce n'était plus recouvert comme avant. Il y avait eu de l'organisation, et elle m'a dit : « Vous savez, j'ai tenu bon… »
Je crois que ce qui a été un déclic pour elle, c'est lorsque je lui ai dit : « Vous savez, ce qui est terrible pour vous, c'est que non seulement vos enfants vous prennent pour une serpillière, mais qu'en plus, vous perdez leur affection au fur et à mesure. En effet, plus vous allez continuer comme ça, plus vous allez être abandonnée par vos enfants, car ils perdent le respect qu'ils avaient pour vous. Vous essayez de tout faire pour montrer votre amour et vous ne récoltez que

du désamour (et ça, elle ne pouvait pas l'imaginer) ; mais si vous arrivez à dire non à vos enfants, et que vous prenez votre place de mère, vous retrouverez l'amour de vos enfants. »

Tout cela était impensable pour elle ; mais elle l'avait bien retenu car ce sont les mots qu'elle m'a dits quand je suis revenue au bout des trois semaines : « J'ai tenu bon ! [...] » ; il n'y avait plus de désordre, pas une casserole, pas une fourchette, plus rien ne traînait. Elle m'a raconté comment cela s'était passé, et elle m'a dit qu'elle avait entendu, lorsque ses enfants passaient dans le couloir, sa grande fille dire au petit, peut-être aussi au grand frère : « Là, il faut qu'on l'aide la mère, elle est au bout, et de toute façon, il faut qu'on se mette à faire le ménage, parce que cette fois maman elle ne le fera plus, ça fait trop longtemps que ça dure. »

Ils pensaient qu'elle allait craquer, ils se sont inquiétés pour leur maman, et ils se sont mis à faire le ménage et à tout nettoyer, alors que Mme M. a réussi à rester toute la journée dans le salon.

Voici comment elle le raconte : « Ils venaient me voir : "Tiens maman, un bisou [...], maman, as-tu besoin de ceci ?" J'étais comme une princesse, je n'en avais jamais tant eu de ma vie, et c'est vrai ce que vous disiez, ils sortaient et me disaient : "Maman, on va juste en bas, maman on fait ci", ils redevenaient gentils avec moi, et respectueux. » Elle a ajouté : « Madame, c'est vrai ce que vous disiez, et là ce n'était plus Mme A. qui leur disait ça, c'était moi, leur maman, et ce fut vraiment important... »

Elle était en plein dedans, elle le vivait, elle a observé ce qui se passait, et elle a pu y croire, elle a pu croire à un changement possible, et voir qu'elle était capable de participer à ce changement.

À partir de là, elle s'est mise en mouvement parce qu'elle a eu le résultat sur-le-champ, dans l'immédiat ; mais il a fallu qu'elle tienne trois semaines, et elle y est arrivée.

C'est là que se joue la fonction soutenante et d'accompagnement de l'éducateur, car si je n'avais pas été soutenante, elle n'aurait pas pu le faire, ce fut un moment-clé de mon action. Mais je pense qu'elle a pu arriver à tout ça parce que j'avais été valorisante ; elle savait profondément que je la recon-

naissais en tant que mère, que je lui faisais confiance, que ce n'était pas du baratin et je ne l'avais pas jugée [...].
J'ai essayé de mettre du sens sur ce que nous donnait à voir cette famille, cette maman, et elle pouvait vouloir nous donner à voir toute son ambivalence et nous dire : « Vous voyez, je suis mauvaise, je ne suis même pas capable de ranger ma maison ... » ; alors que ce n'est pas du tout ça. Pour Mme M. c'était tellement contrasté, car je l'avais vue toute belle, avec des chapeaux, et là, je la voyais négligée, abattue.
Après ces trois semaines particulières, on était en train de retrouver les places dans la maison, chacun reprenant sa place, et on voyait la restauration de Mme M. à l'intérieur de chez elle, et à l'intérieur d'elle-même, car c'est une femme qui aime être belle et soignée. J'ai poursuivi mon objectif, car après qu'elle s'était restaurée de l'extérieur, il fallait la soutenir dans sa restauration intérieure, et viser l'autre objectif, qui était de restaurer son image dans le réseau social, et tout ça conjointement.
Elle vivait avec peu de moyens et il y avait des problèmes financiers à la maison ; alors, je lui ai dit qu'on pourrait peut-être lui donner un petit coup de pouce, et je l'ai accompagnée dans les services sociaux, car, seule, elle n'y croyait plus trop. Elle y venait avec ses chapeaux originaux, et je valorisais cela, car ça dérangeait certains collègues ; étonnant, n'est-ce pas ?

La posture d'accompagnement consiste à toujours valoriser la personne, ce qui nécessite d'aller voir, d'essayer de mettre du sens sur des aspects négatifs, et de voir la compétence qu'il y a derrière, car il y en a toujours, et alors ça fonctionne.
Progressivement restaurée au niveau du service social, Mme M. n'a plus besoin de moi. Mais, à ce moment-là, elle me dit : « Je m'ennuie », et je lui dis : « C'est vrai que vous n'allez pas faire tout le temps votre ménage, et que vous avez autre chose à faire d'intéressant, vous avez besoin d'aller à l'extérieur, vous avez besoin de parler avec d'autres gens, de vous enrichir, il faut que vous voyiez ce qui existe comme activités artistiques ou autre, ce qui pourrait vous plaire. »
On est allées au service social pour voir l'assistante sociale et pour se renseigner. C'est là qu'elle m'a dit qu'elle voulait être chauffeur, et qu'elle faisait du canevas.

Cette femme fait du canevas à la perfection, il n'y a pas un point qui dépasse. Il y avait quelque chose à faire avec ce talent. Elle s'est mise à faire des canevas, vraiment magnifiques, et ça c'était autre chose que le désordre de sa maison, que sa déprime. Elle était tellement contente.
Quand je venais chez elle, elle était assise sur un canapé recouvert d'un beau drap et sa maison était correcte, normale. Il y avait de l'espace, elle avait son espace, parce que j'avais dit aux enfants que leur maman avait droit à avoir un espace, qu'elle avait envie d'un espace correct, qu'eux, ils avaient leur chambre pour eux dans laquelle ils pouvaient vivre comme ils voulaient, mais qu'ils devaient respecter le fait que leur maman ait besoin d'un espace correct. J'ai vraiment travaillé sur leur place à chacun, sur leur territoire. C'était tellement vital pour tous qu'elle ait une place de mère.

Ensuite, il y a eu tout ce temps de recherche, de formation et d'activités, temps intéressant car elle voyait qu'elle pouvait sortir à l'extérieur tout en étant mère, en restant mère, et que ce n'était pas incompatible.
Après, tout allait mieux, et lorsque je venais la voir, nous parlions de son avancée, pendant qu'elle faisait de la broderie.
Plus tard j'ai vu Damien qui, au départ, ne voulait pas me parler ; mais, progressivement on a fait conversation, et curieusement, il me parlait davantage quand son papa était là. [...]
Un jour, j'ai dit à Mme M. : « Vous m'avez toujours parlé de votre mauvaise mère, mais ce n'est pas possible, car la mère que vous m'avez décrite ne doit pas être si mauvaise quand on voit qu'en si peu de temps vous avez retrouvé votre position maternelle. Vous avez appris ça quelque part, et je pourrais penser que vous avez eu une bonne mère ; vous avez appris ça, ou vous avez en vous cette capacité de bonne mère. »
Alors, elle m'a dit : « Oui, ça vient de quelqu'un qui a eu une place très importante pour moi dans mon enfance, vers 11 ans, puis que j'ai retrouvé plus tard, quand j'étais adulte. Elle venait d'un autre milieu social que le mien, et elle m'a appris beaucoup de bonnes choses. »

Ça m'a éclairée, car cette femme avait été un modèle fort, elle avait eu pour Mme M. une grande importance socialement et affectivement, et d'ailleurs, c'est peut-être de là que vient son goût pour les chapeaux.
C'est alors que j'ai compris tout cet idéal de famille qu'elle avait trouvé, auquel elle s'était accrochée, et qui la guidait, cet idéal de femme qu'elle poursuivait.
Quelle déception pour elle de voir qu'elle n'y parvenait pas !

Elle avait trouvé une femme qui l'avait aimée, qui l'avait considérée comme sa fille, et elle avait tout appris de cette femme. C'était ce qu'elle avait conservé, cette femme avait été sa mère en quelque sorte, la bonne mère, et c'est sûrement pour ça qu'il y avait eu cette remontée possible et rapide. Je pense qu'elle voulait ressembler à cette femme, celle par qui elle avait été reconnue. Ses chapeaux étaient importants, ça avait du sens pour elle d'aller dans les services sociaux avec son chapeau, et elle brodait la Joconde, ce qui témoigne d'une certaine culture.
Il y avait une dichotomie, et il fallait regarder ça, écouter ce qu'elle pouvait nous dire de sa vie, essayer de comprendre, accepter sans juger, cerner l'importance accordée à la réussite scolaire qui va de pair avec la réussite sociale.
Les visites qui ont suivi se sont déroulées au salon dans un espace correct, son espace, celui qu'elle réussissait à faire respecter.
Avec Damien et sa mère, nous pouvions avoir de très bons échanges, c'était un travail éducatif classique centré sur le soutien parental. [...]

À la fin de la mesure, moment important avec les familles, je fais le point sur l'évolution de la situation et les éléments qui restent difficiles, puis je leur transmets mes hypothèses. Mais je demande surtout aux familles de reparler de notre relation, de ce qu'elle ont compris de l'intervention et, si cela est possible, de me dire quel a été le « moment-déclic » qui les a mobilisées pour opérer un changement. C'est le moment d'exprimer des non-dits, des regrets, des incompréhensions, mais aussi, pour moi, des apports que la famille m'a enseignés. Chacun est quitte, aucun ne se sent en dette.
C'est un moment clé dans mon travail. Je dis toujours que ce sont les familles qui m'ont appris à travailler.

J'avais dit à Mme M. que j'aimerais mettre en place des groupes de parents et que j'aimerais qu'elle témoigne.
Ce n'est pas par l'intermédiaire des groupes de parents qu'elle le fait, mais à travers ce livre. Je suis heureuse qu'elle puisse nous donner son témoignage plein d'espérance et de courage, puisque malgré son chemin chaotique douloureux, elle a su garder l'espoir, saisir des mains tendues pour développer ses capacités d'aimer et conserver sa liberté.

Pour moi, *ce témoignage est exceptionnel* par le fait que cette femme est sortie tellement vite d'une posture d'abandon d'elle-même et de sa fonction de mère, de tout ce qui confirmait qu'elle était la mauvaise, pour arriver à une meilleure considération d'elle-même et à une reprise positive de sa vie de mère mais aussi de femme, qu'elle est un exemple encourageant et stimulant pour d'autres parents, et pour nous, travailleurs sociaux.
Cet accompagnement a duré un an et demi peut-être, mais quel courage a eu cette femme !
Un revirement aussi rapide me paraissait exceptionnel, car elle a pu trouver et faire ressortir les idéaux parentaux, les modèles parentaux qui ne sont pas forcément ses propres parents, et pour elle ce fut Mme B., cette femme qui l'a tant marquée.
Si on est allé voir comment elle pouvait s'en sortir, c'est parce qu'elle avait le courage d'y aller. Et pour qu'elle y arrive, il fallait s'appuyer sur des choses positives en elle, mais aussi autour d'elle, car quand ça va si mal dans une famille, on ne doit surtout pas tout réduire à la famille, au cercle fermé qu'elle constitue : il y a aussi le réseau social, l'environnement, et là on peut aller chercher des influences et des modèles qui ont été positifs pour les personnes.
Il ne faut pas oublier cette dimension importante de notre travail ; la vie des gens ne se réduit pas à leur famille. Je le répète, nous vivons tous dans un environnement social qui va bien au-delà de la famille, et qui peut en être différent.
Avec Mme M. c'est ce qui a pu émerger, et si le travailleur social est dans la recherche de compétences, ce n'est pas lui qui a tout le pouvoir, car on est dans une création commune avec la personne, on va ensemble chercher des matériaux, et

quand on cherche, on trouve, j'en suis convaincue, puis on essaie de mettre du sens sur les périodes difficiles.

Avec Mme M. on a cheminé ensemble pour qu'elle arrive à mettre du sens sur sa déprime, elle n'avait pas pu en parler à quelqu'un. De plus, elle avait été obligée de taire cette affection qu'elle avait pour cette personne qui avait été si importante dans sa vie, quelque chose qui est presque de l'ordre de sa filiation.
Ensuite, on a travaillé sur le non-jugement de sa mère, avec qui elle ne pourra peut-être jamais parler de tout ça, parce que c'est enfoui depuis longtemps. Elle ne comprendra peut-être jamais ce qui s'est passé entre elle et sa mère, mais il fallait qu'elle arrive à remettre sa mère à sa place, c'est sa maman, elle est la fille de sa maman, et ça s'arrête là. Elle lui a donné au moins quelque chose de positif, elle lui a donné la vie ; soit elle la refuse, soit elle la prend, et Mme M. en a fait quelque chose de la vie que sa mère lui a donnée, on le voit, quand on relit son parcours.
On pourrait presque dire que c'est un accompagnement dont les effets sont thérapeutiques bien qu'il se situe dans un travail éducatif en AEMO. Ce n'est pas facile de définir un tel accompagnement.

C'est dans le cadre d'une mesure, donc de la contrainte, que s'est situé cet accompagnement. En effet, cette femme était obligée de me recevoir, elle était dans la contrainte de montrer qu'elle était une mère (bonne ou mauvaise ?), et Damien semblait être dans la contrainte de ne pas travailler à l'école, d'être fidèle à sa mère.
Ils étaient déjà dans des contraintes terribles, et la mesure judiciaire en a ajouté une autre. Mais c'est par cette contrainte-là que j'ai pu rencontrer cette femme qui était contrainte de me rencontrer. C'est dans ces deux contraintes-là, elle de me recevoir, moi de la rencontrer, qu'il y a eu cet espace qui a permis d'ouvrir nos regards, d'élargir nos points de vue.
J'ai découvert que cette femme avait une grande volonté de s'en sortir, mais qu'elle ne pouvait le faire seule, tant elle savait qu'un tas de monde (des services sociaux) avait un regard pointé sur elle, ce qui la révoltait et inhibait toute sa

bonne volonté, au point de rejeter toute intervention de ces services sociaux.
Elle fut donc contrainte de rencontrer un autre service social, mais qui, celui-ci, en a fait autre chose ; et c'est ça le paradoxe aide et contrainte. Je n'aurais jamais rencontré cette femme s'il n'y avait pas eu la mesure judiciaire. Mais dans cette contrainte, on peut en faire une encore plus noire et renforcer les dévalorisations, ou bien faire émerger les compétences de la personne.

Je me suis moi-même imposé une contrainte, celle de faire émerger le potentiel existant chez cette femme. Et, si je vois ma contrainte comme potentialité, c'est important puisqu'on n'arrive pas d'emblée au placement, car on croit encore qu'il y a quelque chose de possible chez ce parent, qui, bien sûr, n'est pas dangereux pour ses enfants. Le tribunal me contraint de rendre possible cette parentalité.
On sait bien que dans les situations de maltraitance il faut que la loi vienne dire stop, mais il y a des manières de dire stop. On peut dire stop en mettant un petit peu plus de symptômes, un peu plus de microbes, ou bien en se demandant ce qu'il y a de bon comme organe.
J'utilise une métaphore médicale, mais c'est comme ça que je travaille, et à partir de là on a parfois des miracles, car les gens se restaurent, et ça va d'autant plus vite qu'il y a eu des images parentales positives, qu'il y a eu des relations structurantes que l'on ne pouvait pas voir d'emblée. Sans oublier que la priorité, l'obligation, c'est la protection de l'enfant à tout prix, et avant celle des parents. […]

J'avais senti que chez Mme M. la question du droit et de la loi était importante, que c'était un mode d'approche, et que c'était ce qui pouvait résonner entre elle et moi et ouvrir une porte d'entrée. Je venais de la justice, je ramenais la loi, pouvait-elle penser, et au nom de la loi je pouvais l'aider à replacer père et mère dans leur rôle de responsables, et face à leurs responsabilités vis-à-vis de leurs enfants.
Je lui ai rappelé sa place de citoyenne, et la possibilité pour elle d'avoir une profession, sans crainte d'être considérée comme une mauvaise mère, car elle avait ignoré son quotidien de femme en se vouant totalement à ses enfants par crainte de les perdre.

[...]
Ce qui est important pour moi c'est qu'avec la famille, on essaie de chercher ensemble pour mettre du sens sur la situation, peut-être que ce ne sera jamais le vrai, mais l'important c'est que ça les mette au travail, eux tout d'abord, car c'est de leur vie qu'il s'agit avant tout.

Quand je fais une visite à domicile, lorsqu'on me dit d'entrer et de faire comme chez moi, je trouve que c'est dangereux pour moi. Je préfère encore l'accueil agressif, à la limite, car au moins les gens sont clairs et sont en train de me dire : « Il y a l'intime et vous, vous n'êtes pas chez vous, je suis chez moi... »
Ça c'est déjà positif, pour moi, car lorsque je vais dans une famille, je ne suis pas chez moi, surtout pas, et je dois être claire au départ en notant, bien sûr, l'accueil chaleureux, mais en rappelant que je ne suis pas chez moi, sinon on crée, ou on entretient, la confusion.
J'ai des matériaux au départ avec le dossier, et je m'en sers pour établir le type de rapports que cette famille entretient avec les services sociaux, c'est-à-dire comment cette famille communique avec les services sociaux, car elle va rejouer la même chose avec moi, pourquoi ferait-elle différemment ? Elle ne me connaît pas, elle a un processus ancré en elle. C'est à moi de proposer un autre type de relations, de donner une autre définition de la relation.

Je pense que trop de travailleurs sociaux stigmatisent les familles, les personnes, parce qu'ils restent sur le factuel. Les faits qui nous sont donnés à voir sont souvent très négatifs, les représentations sont très négatives, d'autant plus s'il y a le « bazar », si les gamins ne savent pas où se coucher [...].
Je dis parfois aux gens que je n'ai pas le droit de toucher à leur intérieur, mais que le juge me demande de vérifier que les enfants ont bien le nécessaire : nourriture, un endroit pour dormir, du respect.
Je pense qu'il faut savoir travailler avec le désordre, et il y a plusieurs types de désordres, et parfois ce n'est pas du désordre mais un autre ordre, mais il y aussi des désordres qui font tout de suite penser à des pathologies [...], cependant attention aux interprétations hâtives !

Mais pour Mme M. ce n'était pas ça, pas du tout ça. Il fallait lui donner du temps et essayer de comprendre ce que ça signifiait pour elle, ce qu'elle attendait des travailleurs sociaux. […]

Au lieu de transcrire ce que l'on voit, en utilisant une posture de jugement, je pense qu'il vaut mieux demander à l'usager qu'il nous prête ses lunettes, car nous, nous venons avec nos lunettes, notre façon de voir le monde, et nous rentrons chez quelqu'un qui a sa propre façon de voir le monde, parfois très éloignée de la nôtre. Il est donc nécessaire que la personne nous prête ses lunettes pour que nous puissions voir et comprendre différemment ce qui la concerne. Notre savoir va peut-être être nul et ne servir à rien si nous ne voyons pas clair ; par contre, si nous regardons ensemble, nous allons mieux comprendre en partageant ce que l'on voit.

Quand on rencontre une personne, on est dans l'inconnu, on va vers l'inconnu, c'est toujours singulier, car on rencontre des personnes, des gens qui vivent leur vie, qui ont des relations personnelles, qui savent aimer, qui savent haïr, et qui, pour la plupart, savent qu'ils ne sont pas si mauvais que ça. C'est donc à nous d'aller connecter l'autre partie, la partie positive, sans nier les difficultés, et de donner le petit coup de pouce nécessaire. La personne a besoin de s'attacher à un système d'appartenance, à des éléments significatifs, à des personnes significatives.

Nous apprenons notre métier avec les gens, ce sont eux qui nous font découvrir leurs difficultés mais aussi leurs potentialités.

On a besoin de faire le bilan avec les familles pour voir où on en est, et de leur demander parfois de nous donner des clés, parce qu'on ne peut pas y arriver sans elles. Ce sont elles qui nous ouvrent les portes, qui nous donnent le rythme, les outils. La posture de pouvoir n'est, alors, plus du même ordre, car on est dans une posture d'accompagnement et avec une conviction que la personne est compétente. Cette conviction est indispensable, car c'est ce qui permet à la personne de se tenir debout.

En conclusion

Mon postulat de travail s'appuyant sur celui de Guy Ausloos [4], *je fais le pari de la compétence des familles.*
Par éthique professionnelle j'ai le souci de respecter le droit, la liberté et la créativité des familles, ce qui me contraint à une attitude de non-jugement, de compréhension, de recherche de sens, d'accompagnement et de soutien dans l'expérimentation des changements pour remplir ma mission d'aide éducative.
C'est à partir de ces *hypothèses* telles que je les ai formulées après la lecture du dossier que l'accompagnement de Mme M. s'est déroulé.

L'abandon et la violence touchent Mme M. et ses enfants sous la forme d'une répétition familiale, mais cela ne semble pas être du même ordre pour Damien. Comment cela se fait-il ?
Pourquoi cette attitude avec Damien ? Est-elle dans un processus de revalorisation de sa place de mère ? Il n'est pas du même père que ses deux aînés. Quelle place a-t-il dans la problématique du couple ?
En étant et en acceptant d'être qualifiée de « mauvaise fille », puis de « mauvaise mère », ne se montre-t-elle pas loyale envers sa propre mère, ce qui lui permet de la requalifier ?
Elle ne semble montrer aux travailleurs sociaux que son incompétence :
– en plaçant ses enfants, les travailleurs sociaux ne venaient-ils pas en soutien à la « mère abandonnique de Mme M. », en continuant de disqualifier Mme M. ? ;
– elle ne pouvait qu'être agressive à leur égard puisque incomprise et jugée, et vivre le placement comme une véritable injustice, sans doute la même injustice que celle de sa propre mère qui lui avait pris son premier enfant ;
– le signalement au juge pour proposer le maintien de Damien en IR renforçait la disqualification maternelle depuis plusieurs générations, et la propre disqualification de Mme M.

4. G. Ausloos, *La compétence des familles : temps, chaos, processus*, *op. cit.*

Il me semblait particulièrement important de veiller à ne pas renforcer les disqualifications des uns et des autres. Je fais alors le pari de la compétence de Mme M. en tant que mère vis-à-vis de Damien ; en effet, elle a toujours bien assumé ses responsabilités jusqu'à l'entrée en IR de son fils.
J'observe et je connote positivement qu'elle peut se séparer de son fils sans problème puisque l'année précédente elle l'a mis un mois en colonie de vacances et que, Damien s'y étant bien plu, elle lui permet d'y retourner à nouveau.
Je fais également l'hypothèse qu'à travers sa demande de scolarisation de Damien en externat, elle nous dit : « Je veux être reconnue capable d'élever mon enfant, accompagnez-moi, je ne sais pas bien faire, mais je veux bien faire, et, surtout, ne placez pas mon troisième enfant. »

Cette dernière hypothèse semble avoir guidé Anne tout au long de l'accompagnement de Marie, qui lui a démontré par elle-même ses capacités à être mère, ce qu'elle ne pouvait réaliser seule. Elle avait besoin du regard de l'autre, de cet autre que fut Anne qui, cependant, a su se maintenir à sa place d'assistante sociale.

Le soutien et le regard positif d'Anne ont permis à Marie de se reconstruire en retrouvant respect et dignité dans sa vie de mère et de citoyenne, « habitée » par son courage, sa volonté de s'en sortir et son refus de la résignation et de la soumission.

6

De l'événement-rupture à l'avènement-placement. De la séparation au placement

« Séparer un enfant de ses parents pour un placement est un acte grave, un des plus graves qu'une société puisse demander d'effectuer à ses représentants.
Une séparation non justifiée est une injustice et un drame intolérable.
Une séparation non effectuée au moment où elle était indispensable est, elle aussi, catastrophique [1]. »

La séparation enfant-parents est un événement trop douloureux et perturbant dans la vie d'un enfant, mais également de ses parents, pour qu'on la banalise. Elle entraîne une rupture entre l'enfant et sa famille et en conséquence le placement de l'enfant. C'est un événement que je nomme « événement-rupture » dans le sens où il fait rupture dans le cours de la vie de l'enfant et de ses parents ; il provoque une brisure et détruit ce qui existait jusqu'à ce moment catastrophique qu'est la séparation ; leur vie ne sera plus jamais comme avant.

1. Maurice Berger, *L'échec de la protection de l'enfance*, Paris, Dunod, 2003.

Cet événement a un effet traumatisant. Il bouleverse, vu le choc, la blessure et le désordre qu'il crée chez la plupart d'entre eux. Et, souvent, c'est comme si cette tempête redoutée que représente la séparation se produisait à leur grand désarroi et sans qu'ils aient pu faire quoi que ce soit pour l'empêcher. En effet, on retrouve ces dimensions de choc, de blessure et de désordre chez l'enfant et chez ses parents, car la plupart du temps, ils ne comprennent pas grand-chose à ce qui leur arrive. C'est inattendu, violent et insupportable, même si au vu des difficultés personnelles, sociales et familiales, ils pressentaient et craignaient cette séparation. Ils encaissent un choc affectif, et sont souvent face à des questions douloureuses : « Qu'est-ce qui m'arrive ? Qu'est-ce que j'ai fait pour en arriver là ? », ou « A-t-on le droit de séparer des enfants de leurs parents ? Pourquoi on nous a séparés ? »

Chacun de son côté est face à de multiples questions difficiles à supporter, difficiles à poser, qui restent le plus souvent sans réponses. Mais elles accentuent la blessure provoquée par cet événement-séparation qu'ils subissent, parce que trop souvent, on parle et on décide de leur vie à leur place et en leur nom, parfois même sans les consulter.

> « Le pouvoir utilise de nombreux moyens : la force, mais aussi la persuasion, la séduction, la législation, la coutume, toutes choses qui trouvent un répondant chez ceux qui en sont l'objet et qui, aussi bien qu'y résister, peuvent s'y soumettre volontiers ou à leur insu. Le besoin de sécurité, de stabilité, d'amour, de directives est un sûr allié du pouvoir, qui correspond à une attente et à une demande autant qu'il peut engendrer frustration, haine et révolte. [...] Le besoin persévérant d'amour et de protection le disposera à la dépendance et à la soumission autant que son ambivalence le portera à la rébellion [2]... »

C'est bien de violence dont il s'agit dans la plupart des situations d'enfants et de parents séparés, violence due à l'événement-séparation, mais il peut aussi s'agir de violences administratives, institutionnelles ou venant de travailleurs sociaux.

2. J. Barus-Michel, E. Enriquez, « Pouvoir », dans *Vocabulaire de psychosociologie*, Toulouse, érès, 2002, p. 212.

Je ne souhaite surtout pas généraliser mes propos ; en effet, je parle ici de situations, les plus fréquentes me semble-t-il, de familles ni dangereuses, ni maltraitantes vis-à-vis de leurs enfants, mais qui, à un moment donné, se sont retrouvées dans une impossibilité d'assumer leur responsabilité parentale suite à un événement survenu dans leur vie, et, pour la plupart, en conséquence d'un isolement social et familial tel que leur enfant a dû être placé.

Pour la majorité, ces familles sont confrontées à un enchaînement de difficultés d'ordre socio-économique ; leur faiblesse devenue trop visible les rend vulnérables et les conduit à faire une demande qui, comme nous le disions, se transformera en arme contre eux. En effet, l'aide et la protection attendues deviennent sanction et exclusion, car de sujets de la demande, elles deviennent non seulement objets d'une intervention sociale, mais aussi responsables des difficultés qu'elles rencontrent.

> « Les difficultés des familles ne sont pas entendues telles que les parents les identifient et les nomment. La demande d'aide concrète n'est pas rencontrée et est déplacée du champ socio-économique vers le champ éducatif. La décision sociale se présente alors comme une disqualification et une négation de la définition du problème par le parent [3]. »

Pour certaines de ces familles qui ont eu un accident de parcours, aucune faiblesse ne semble autorisée, on cherche la faille et le point faible. Je considère, et je ne crains pas de le dire, qu'elles sont parfois harcelées par des travailleurs sociaux qui ne les lâchent pas, vérifient tous les coins et recoins de leur vie, et ne sont jamais rassasiés tant leurs attentes vont au-delà de ce qu'eux-mêmes pourraient supporter.

> « Souvent nous leur demandons des choses que nous ne ferions jamais nous-mêmes… Pourquoi imposer à quelqu'un ce que je ne pourrais jamais supporter, moi, dans ma liberté [4] ? »

Des services sociaux s'acharnent sur certaines familles, mais, trop souvent, s'intéressent moins, voire très peu, à des familles

3. I. Delens-Ravier, *Le placement d'enfants et les familles, op. cit.*
4. M. Titran et T. Potekov, *Vies de famille, op. cit.*

dans lesquelles l'enfant court de réels et graves risques. Serait-ce par peur ? Certainement.

Cette crainte me semble tout à fait légitime et compréhensible, mais autant la reconnaître. Il y a, d'ailleurs, certains services qui assument parfaitement leur mission de protection de l'enfant ; les professionnels se déplacent toujours à deux pour aller dans les familles très difficiles, mais ils y vont régulièrement, sans les éviter, sans les fuir.

Je pense qu'il serait intéressant de travailler sur cette question de la peur, celle que tout individu peut ressentir face à des personnes difficiles et violentes. La peur est un sentiment humain ordinaire et légitime que l'on n'a pas à nier. Le travail social est difficile, parfois même dangereux, et il n'est pas surprenant que des travailleurs sociaux puissent éprouver un sentiment d'inquiétude, de crainte, voire de frayeur, lorsqu'ils se trouvent dans des situations d'opposition, de rejet, de violence de la part de parents qui peuvent être considérés comme dangereux.

> « Les professionnels sont écartelés entre, d'une part, le fantasme de soignant idéal qui ne place pas les enfants, alimenté par les circulaires, et, d'autre part, la violence de la pathologie de la parentalité et du lien à laquelle ils sont confrontés dans la réalité et qui impose une distanciation [5]. »

Et la protection de l'enfant ?

Même si je ne suis pas en accord avec toutes ses positions ni avec le ton parfois utilisé à l'égard des parents, je voudrais rendre hommage au livre de Maurice Berger, ouvrage engagé et courageux car ce pédopsychiatre ose dire et mettre au jour un autre type de dysfonctionnement dans la protection de l'enfance, celui où l'on remet systématiquement l'enfant entre les mains de ses bourreaux, de ses parents nocifs et dangereux, dès qu'il va mieux après en avoir été séparé et protégé un certain temps. Ces pratiques semblent aberrantes, vu que c'est par le fait d'être éloigné et à l'abri de ses parents qu'il peut enfin recommencer à vivre et à se reconstruire.

5. M. Lamour, « La souffrance des professionnels confrontés aux séparations précoces parents-nourrisson », dans *Séparation précoce : rapt, échec ou soin ?* Toulouse, érès, 2003, p. 101 à 126.

Comment comprendre de telles attitudes dites professionnelles et venant de professionnels dont la mission première est de protéger l'enfant ?

Maurice Berger estime, à juste titre, qu'on ne protège pas suffisamment de leurs parents biologiques certains enfants maltraités. Il rappelle l'existence d'une confusion trop fréquente entre le maintien des liens *avec* la famille et le maintien *dans* la famille. Ce sont deux objectifs différents qui nécessitent des accompagnements différents, on ne peut faire l'amalgame, car enfant et parents en subissent des conséquences pouvant être désastreuses.

Pour de multiples raisons, il est difficile parfois d'accepter, ou de prendre le temps, de différencier les situations de parents en difficulté ; il faut pourtant admettre que certains parents rencontrent de simples difficultés passagères, alors que d'autres sont très malades dans leur parentalité, tels ceux que présentent M. Berger :

> « Nous parlons d'adultes psychotiques, carencés ou *borderline*. Nous parlons de parents qui portent en eux la détresse du bébé qu'ils ont été et qui s'est construit dans un chaos relationnel : tout lien intersubjectif est menacé de rupture […] Leur psychopathologie les empêche de percevoir leur bébé comme un individu différencié et par là même de répondre à ses besoins. Nous parlons de bébés qui grandissent sur des sables mouvants et ne trouvent pas de contenant à leurs angoisses. Ils n'ont pas autour d'eux des adultes qui les "portent" physiquement, mais aussi psychiquement, dans le temps et dans l'espace [6]. »

Dans *Le Monde* du 10 décembre 2003, Marceline Gabel, qui travaille sur la maltraitance, affirme que l'on doit actuellement dépasser l'idée porteuse des années 1990 qui était que rien ne remplace une famille, si mal en point soit-elle, car « aujourd'hui, on réalise qu'il y a des familles où l'enfant ne peut s'accrocher à rien ni à personne ».

Il existe aussi des enfants qui ont besoin de garder un lien avec leurs parents mais qui ne souhaitent pas retourner vivre dans leur famille, malgré l'ambivalence qu'ils ressentent dans une telle situation : « Certains souffrent de constater cet impossible

6. M. Berger, *L'échec de la protection de l'enfance*, *op. cit.*

retour, mais il s'agit d'une souffrance beaucoup moins désorganisatrice et plus mentalisable que celle qu'ils éprouveraient au sein de leur famille », précise Maurice Berger.

Me reviennent en mémoire les paroles de Max, cité précédemment, qui, placé dans une maison d'enfants, me dit : « Ici, c'est le centre de repos des disputes. » Il apprécie de ne passer que le week-end dans sa famille, car ce qu'il souhaite c'est garder un lien avec ses parents ; il fait, d'ailleurs, tout pour que soit préservé au mieux ce lien parental ; il précise même que sa situation actuelle lui convient comme elle est. C'est sans doute cet éloignement d'avec sa famille qui rend sa vie supportable et vivable.

Dans son livre, Maurice Berger développe la situation de Carine, 11 ans, qui veut rester vivre dans sa famille d'accueil, où elle trouve affection et sécurité. Bien qu'elle se sente tiraillée entre l'amour porté à sa mère et l'affection éprouvée à l'égard de sa famille d'accueil, elle dit qu'elle aime son assistante maternelle, qui l'aide à grandir, qui s'occupe bien d'elle, et elle écrit à sa maman : « … Je suis bien dans ma famille d'accueil, qui est dure mais juste, ce que tu n'as jamais pu être… »

Selon M. Berger, les enfants placés pensent beaucoup au retour dans leur famille, mais pas dans les mêmes termes que les adultes, et, il considère qu'il serait nécessaire d'écouter ce que les enfants ont à dire sur ce sujet qui les concerne, et d'en tenir compte.

Pour M. David : « Ce qui importe avant tout dans l'issue d'un placement, c'est la façon dont le jeune s'achemine vers la sortie et ses possibilités de poursuivre sa route, non en rupture avec son passé ni en répétition de celui-ci, mais en continuité avec lui et en ayant la capacité de poursuivre le travail d'élaboration et d'intégration de ses expériences infantiles, celles des temps passés avec ses parents aussi bien que celles passées sans eux [7]. »

Mais il existe aussi des mères qui, à leur manière, demandent une séparation physique avec leur enfant pour le protéger d'elle-même et pour s'en protéger, tout en souhaitant garder un lien psychique avec celui-ci. Martine Lamour se demande pourquoi nous restons si souvent sourds à ce type de demande de séparation qu'adressent ces mères qui « nous le disent de toutes sortes de façons, par leurs comportements et leurs actes… ».

---

7. M. David, *Le placement familial, de la pratique à la théorie*, Paris, ESF, 1990.

Cette psychiatre tente, avec pertinence, de répondre à cette difficile question que soulève la séparation parents-enfants :

> « Si la souffrance des équipes est particulièrement spectaculaire quand se pose la question de la séparation de l'enfant de sa famille, c'est bien parce que « se séparer », donc opérer une distanciation physique, atteint parents et enfant au cœur de leur problématique, au cœur de leur fragilité ! Tout mouvement de séparation-individuation de l'enfant est vécu comme dangereux [8]. »

On voit bien que la décision de placement n'est simple ni pour les travailleurs sociaux qui y sont confrontés, ni pour ceux qui en sont au centre, les enfants et leurs parents.

Mais je terminerai cette réflexion par la prudente position de Boris Cyrulnik :

> « On ne peut pas donner de recettes, car les raisonnements linéaires n'ont guère de sens. On ne peut pas dire que la séparation protège l'enfant ni qu'il faut le laisser dans la famille maltraitante [...]. Il faut évaluer le plus grand nombre possible d'éléments de l'histoire de l'enfant et de son contexte afin de découvrir quelle serait la situation résiliente et d'en éviter une autre plus délabrante. Ce n'est pas toujours l'apparence logique qui protège l'enfant... Ce n'est pas la pauvreté de ses parents qui altère l'enfant, c'est l'isolement affectif, l'absence de routines... Privé de routines affectives il s'empêche de penser pour ne pas trop souffrir [9]... »

8. G. Ausloos, *La compétence des familles : temps, chaos, processus*, *op. cit.*
9. B. Cyrulnik, *Le murmure des fantômes*, Paris, O. Jacob, 2002, p. 40.

7

Au-delà des ruptures : l'enfant placé et son histoire

Lors de mes rencontres avec des enfants placés en institution, et dans les récits qu'ils m'ont confiés [1], j'ai été sensibilisée par la force avec laquelle la plupart d'entre eux rappellent et revendiquent qu'ils restent les enfants de leurs parents, mais que trop souvent on les dépossède de cette appartenance à laquelle ils se raccrochent même s'ils connaissent peu leur histoire familiale.

Ces enfants expriment à leur manière leur besoin de tisser ou retisser des liens avec leur famille et de dialoguer entre générations ; ils sont à la recherche d'une mémoire familiale et sont face au besoin de comprendre comment les liens se tissent ou ne se tissent pas et pourquoi ils sont séparés de leurs parents.

Pierre, revenu dans sa famille après une période de placement, témoigne de la souffrance due à la séparation :

> « Le plus important pour moi est d'avoir une maman et un papa. Une maman, ça fait des câlins ; ça te console quand tu as du chagrin. Un papa, ça essaie de te parler. Une famille d'accueil, même si elle est gentille, ça ne remplace pas tes parents. Moi, j'ai été séparé de ma maman, c'est dur. Quand

1. C. Abels-Eber, *Enfants placés et construction d'historicité*, *op. cit.*

elle venait me voir au foyer, nous nous amusions beaucoup ensemble, mais le soir c'était très dur de quitter ma maman, et je la voyais pleurer. Quand tu vis cela tu as mal, tu as honte... Nous, on aime nos parents et on veut qu'ils soient heureux [2]. »

Un enfant est placé lorsqu'à un moment donné, ses parents ne peuvent pas l'élever, parce qu'ils sont malades, hospitalisés, confrontés à des difficultés personnelles passagères, voire installées, ou lorsque leurs conditions d'existence mettent leur enfant en danger.

Il peut être placé pour une durée plus ou moins longue, soit à la demande des parents dans le cadre d'une mesure administrative, soit sur décision du juge des enfants, seul à pouvoir imposer une mesure de protection. Il est placé dans un établissement ou chez une famille d'accueil, famille ordinaire qui accueille dans son foyer un ou plusieurs enfants confiés par les services sociaux et qui, comme tous les travailleurs sociaux, bénéficie d'un salaire.

> « Dans certaines circonstances, les liens familiaux et les réseaux de proximité semblent s'être distendus, privant les individus de la protection que constitue l'intégration dans un tissu relationnel.
> Sans ces garde-fous sociofamiliaux, le citoyen ne peut plus compter que sur la protection de l'État et sur les politiques d'aide sociale, dont le rôle est d'assurer la cohésion de la société et de maîtriser les décrochages individuels.
> [...] La croyance dans la toute-puissance des capacités de l'homme est venue accabler l'individu du poids de la responsabilité de ce qu'il pouvait devenir... L'acteur est seul sur la scène [3]... »

Un enfant placé reste un enfant privé d'un milieu familial ordinaire et bienveillant, cadre sécurisant et contenant dans lequel tout enfant a besoin de vivre pour s'épanouir, grandir et profiter de sa vie d'enfant, qui devrait être une vie paisible, insouciante, chargée de rêves, de jeux, d'affection, et dans laquelle il ne devrait pas être confronté directement à des décisions et à des situations d'adultes. En effet, certains enfants se retrouvent parfois à une place de parents de leurs parents, ou d'adultes, vu

---

2. B. Dubreuil, *Pierre, fils de rien*, Paris, L'Harmattan, 1996.
3. G. Ausloos, *La compétence des familles : temps, chaos, processus*, *op. cit.*

les attentes que l'on a à leur égard, si petits soient-ils, ceci en raison de la particularité de leur situation familiale et sociale.

Tout cela est bien difficile à vivre et à comprendre pour la majorité de ces enfants, qui, comme Sébastien et Max, pensent que « c'est pas normal d'être séparé de ses parents », ou « c'est quand même normal que je me sente bien quand je vais dans ma famille ».

Ces enfants trouvent difficile de ne pas vivre comme les autres enfants et considèrent que leur situation n'est pas « normale », expression qui revient souvent.

« C'est normal que je sois content quand je suis chez moi, je suis bien, moi, avec ma famille et j'en ai besoin, même si ça ne se passe pas toujours comme je le voudrais, mais je ne le dis pas quand ça s'est mal passé le week-end, parce que les éducs ils décideraient que j'y aille plus, pour mon bien d'après eux, alors que moi ce que je voudrais c'est qu'ils aident mes parents à ce que ça se passe mieux, parce que quand même c'est pas normal pour un enfant d'avoir une vie comme ça loin de sa famille », me confie un enfant qui a 11 ans.

Ces enfants, comme la majorité des enfants, sont très sensibles au « normal », au « comme tout le monde ». Il est effectivement difficile pour un enfant de comprendre et d'accepter de ne pas être ni vivre comme les autres enfants de son âge. Être placé, c'est ne pas vivre la vie normale à laquelle tout enfant a droit et aspire.

« Ce dont les enfants souffrent le plus, c'est du regard qu'on porte sur eux et sur nous. Ils ont un cœur, ils ressentent très fort les injustices, ils entendent ce qu'on dit sur eux et sur nous et cela les marque pour la vie... », témoigne une maman interviewée par ATD Quart-Monde [4].

L'histoire de ces enfants a souvent été chaotique et douloureuse, et ils ont, trop fréquemment, été confrontés à des situations qui dépassaient leurs capacités d'entendement. Ils ont parfois été placés, déplacés et replacés sans comprendre ce qui leur arrivait ; pourtant, comme le souligne Maurice Berger : « Un enfant n'est pas un objet qu'on peut brancher, débrancher, rebrancher. »

4. ATD Quart-Monde, *Précieux enfants, précieux parents*, *op. cit.*

L'enfant placé n'est pas toujours considéré avec une idée de continuité, lui dont la vie justement n'est le plus souvent qu'une suite de discontinuités mises bout à bout sans cohérence. Certains se vivent comme « un pion », « un enfant qui ne sera jamais comme les autres », ou « un sac à patates trimballé d'un lieu à un autre, qu'on pose là et qu'on oublie, jusqu'à ce qu'on le déplace pour le reposer et l'abandonner ailleurs, sans tenir compte de ce qu'il y a dans ce sac… », me disait un adolescent.

Les conséquences du placement seront plus ou moins perturbantes pour l'enfant selon l'âge de la séparation. Pierre Verdier (1978) défend l'idée que plus celle-ci intervient tard, plus l'enfant a eu des chances d'établir des liens personnels avec sa famille, moins elle risque de modifier profondément sa personnalité.

Chez de nombreux enfants, la séparation réactive des angoisses de perte et d'abandon. À ce sujet, Boris Cyrulnik (1999) pense que les enfants qui résistent le mieux à la séparation sont ceux qui, avant cet événement, avaient tissé avec leur mère un attachement sécurisant. Une rupture définitive est difficilement acceptable, même à l'adolescence, excepté les cas de force majeure. C'est pourquoi il paraît nécessaire de préserver le passé de l'enfant, son histoire, ses attaches affectives et familiales.

Pour Myriam David, le fait d'être placé dans une autre famille et l'intervention d'étrangers, même de bonne volonté, sont toujours difficiles pour l'enfant puisque, généralement, il ne peut comprendre une telle nécessité, ni une telle soudaineté dans la rupture, car le placement souvent à distance d'une famille en difficulté rend parfois impossibles les visites et la continuité des relations, ce qui peut induire le « désintéressement progressif de la famille ou de la mère, conduire à un abandon, et pérenniser par cela même un placement qui était réputé temporaire »(1989).

La plupart des séparations mère-enfant risquent d'affecter le comportement maternel d'attachement. La mère peut se sentir dépossédée de son enfant, non sécurisante et en cela insécurisée elle-même ; et, comme le souligne Cathy : « […] à chaque fois qu'on me parlait de ma fille c'était pour me renvoyer une image de mauvaise mère, je n'en pouvais plus et j'avais envie de l'abandonner, et de ne plus en entendre parler […] »

Pour éviter de penser et de voir cette impossible réalité, celle que leurs parents pourraient ne pas être de « bons parents » puisque « des parents ça ne fait pas ça à ses enfants », nous rappelle Sabine, 9 ans, victime de maltraitances, de trop nombreux enfants préfèrent se désigner comme responsables de la séparation et de ce qui leur arrive, afin de protéger leurs parents et ne pas avoir à les disqualifier : « J'étais méchant, je faisais toujours des bêtises », explique Sébastien, 10 ans, ou « Je ne travaillais pas à l'école et je n'étais pas sage, alors il a fallu que ma mère me mette ici », ajoute Armand, 11 ans. On ne peut conduire un enfant à disqualifier ses parents, car, à juste titre, il ne l'acceptera jamais.

> « Comment voulez-vous grandir si vous pensez n'avoir pas eu de “bons” parents ? Comment devenir adulte si on vous fait percevoir que vos origines ne sont pas de bonne qualité [5] ? »

Parfois l'enfant tente de réagir et de résister à ce qu'on lui fait vivre pour retrouver ses repères antérieurs ; ses manifestations peuvent être silencieuses ou violentes, mais en tout cas, elles dérangent.

Ces manifestations, dont l'entourage devrait se réjouir plutôt que de s'en inquiéter, sont à entendre comme des expressions d'une souffrance mais aussi d'une lutte poussée par une pulsion de vie, car l'enfant a des choses à dire et fait tout pour être entendu. Le bruit est un signe de vie, même s'il trouble, et justement parce qu'il trouble. L'enfant tente ainsi de ne pas se désespérer et de croire que ses parents peuvent changer.

Au lieu de le faire taire, de « l'éteindre », comme on le fait trop souvent, il serait important de le laisser s'exprimer, de l'écouter et de tenter de le comprendre, car c'est ce qu'il demande, c'est ce dont il a besoin.

> « Les enfants actuels vivent souvent des situations paradoxales : tantôt sollicités à s'exprimer, tantôt oubliés dans certaines prises de décision, tantôt adulés, tantôt négligés [6]... »

5. M. Titran et T. Potekov, *op. cit.*
6. J.-P. Pourtois et H. Desmet, « Comment être de bons parents ? », dans *Familles*, Auxerre, Éditions des sciences humaines, 2002, p. 177.

8

La reproduction intergénérationnelle n'est pas une fatalité

Les enfants placés sont trop facilement classés, nommés, montrés du doigt, comme « surdéterminés » par leurs origines génétiques et sociales ; ils entendent parfois des phrases assassines telles que : « Avec les parents qu'il a ! » ou « Tu seras comme ta mère… comme ton père ! », etc., mots terribles qui peuvent avoir des effets dévastateurs dans l'estime de soi, car « la considération renvoie à l'idée d'égard et d'estime : pour vivre en société, tout être humain a besoin d'être reconnu en tant que personne avec des mérites, des compétences, une dignité [1] ».

En dévalorisant les parents, on atteint l'enfant dans son identité, dans sa capacité à envisager un avenir différent de celui de ses parents, et on détruit ses possibilités d'espérer un futur meilleur ; ce qui peut stopper son désir de grandir, car en quoi cela peut-il valoir le coup de devenir grand, si on a perdu la capacité à espérer ?

---

1. M. Titran et T. Potekov, *op. cit.*

« C'est plus difficile, bien sûr, d'avoir eu une enfance fracassée, mais c'est loin de la tragédie transgénérationnelle que notre discours social récite actuellement », nous rappelle B. Cyrulnik (1999), car sur un plan anthropologique, les liens du sang sont l'une des bases de la civilisation et la famille demeure l'une des principales infrastructures de la société. De nos jours, un enfant qui n'est pas élevé par ses parents biologiques heurte les valeurs accordées à la filiation ; c'est aux parents que reviennent la responsabilité de l'éducation de leurs enfants et le devoir de les élever.

Cependant, on ne peut oublier qu'en 1987, trois sociologues, Corbillon, Assailly et Dhuyme, ont mené, à travers plusieurs départements, une recherche importante et très riche sur la reproduction intergénérationnelle dans les placements à l'ASE [2].

L'originalité de cette étude se situe dans son caractère longitudinal sur deux générations ; en effet, ces chercheurs ne sont pas partis des éléments présents pour remonter le passé, en partant des enfants placés à la période de leur enquête, comme cela a été fait dans la plupart des travaux sur ce sujet. Ils ont essayé de retrouver la descendance d'anciens enfants placés, devenus adultes. Cette recherche fait ressortir que, bien que 95 % des enfants placés aient des parents qui ont été placés, seulement 16 % d'enfants placés seront conduits à placer eux aussi leurs enfants. C'est-à-dire que 84 % de ces enfants réussiront leur vie de parents et leur intégration sociale. Elle nous démontre que la répétition n'est pas aussi déterminée qu'on le laisse trop souvent supposer ; en effet, la reproduction du comportement de placement à l'ASE est fréquemment avancée par les différents acteurs du travail social, qui pensent encore que le fait d'avoir été placé dans son enfance ou à l'adolescence conduira au placement de ses propres enfants.

Cette recherche est peu connue et je m'en étonne toujours, car elle met au jour le fait que les « ex-placés » se comportent comme la plupart de leurs concitoyens n'ayant pas vécu une telle expérience pendant leur enfance : « Cette banalité contraste avec la stigmatisation sociale qu'ont subie et que subissent encore les ex-placés… », précisent les auteurs [3].

---

2. ASE : Aide sociale à l'enfance.

3. M. Corbillon, J.-P. Assailly, M. Duyme, *L'enfant placé. De l'Assistance publique à l'Aide sociale à l'enfance*, Paris, Documents Affaires sociales, 1988.

De tels résultats positifs sur le devenir des personnes qui sont ou qui ont été placées seraient-ils, à ce point, dérangeants, perturbants ?

En effet, ils perturbent idées préconçues et présupposés qui, parfois, nous arrangent bien.

> « Les capacités des individus à résister, la plus ou moins grande rapidité avec laquelle ils vont s'adapter, la manière dont ils vont s'installer dans les situations, sont fonction de la plus ou moins grande dotation en capital affectif, culturel, social. Les antécédents socio-affectifs familiaux de même que la trajectoire sociale, culturelle, les prédisposent à résister plus ou moins bien aux situations rencontrées. Ceux qui jouissent dans leur histoire familiale de repères affectifs stables sont ceux qui résistent le mieux aux différents événements difficiles rencontrés. Ce capital affectif leur permet de se ressourcer dans une image positive d'eux-mêmes qu'ils mettent à profit pour dépasser une situation difficile [4]… »

Les enfants peuvent aussi souffrir du regard que nous portons sur eux et sur leur famille. Nous avons encore tendance à définir ces enfants victimes des difficultés sociales de leurs parents comme des « enfants difficiles », et à confondre ces enfants si bien nommés « cas sociaux », ou plutôt, « cas sos », avec des délinquants ; étiquette et confusion lourdes de conséquences et difficiles à porter pour ces jeunes qui font parfois tout pour rester fidèles à cette image négative d'eux-mêmes qui leur est renvoyée.

Ces enfants sont souvent définis à partir de leurs manques, identifiés, en plus, par une société d'adultes, alors qu'ils sont des êtres en devenir et en construction. Cela risque de nous empêcher de les considérer en tant qu'enfants « comme les autres », ce qu'ils ressentent, bien sûr.

« On ne sera jamais une famille comme tout le monde, et mon père il en pète les plombs, car au moindre problème, il y a l'assistante sociale qui débarque pour faire une enquête, on en a marre, on n'en peut plus ; mon père il ne veut plus leur ouvrir, et ça fait des problèmes », me dit, en pleurant, Sébastien, 10 ans, qui a une jambe dans le plâtre suite à un accident de sport.

---

4. V. de Gaulejac, I. Tabaoda Léonetti, *La lutte des places*, Paris, Desclée de Brouwer, 1994, p. 120.

« La répétition n'est pas obligatoire. Mais elle devient probable quand, pensant que ces enfants sont soumis à un destin, la culture les abandonne à leur triste sort, travaillant ainsi à réaliser ce qu'elle avait prédit », nous rappelle Cyrulnik.

Bien que ces enfants soient fragilisés, ils possèdent les mêmes capacités d'adaptation et d'évolution que tout enfant. Si les adultes acceptent de porter un regard positif sur eux, de dépasser leurs « croyances », l'accompagnement qui leur sera proposé pourra leur permettre de se dégager d'un court mais déjà lourd passé, pour avancer et construire leur vie autrement que celle de leurs parents, sans avoir à les renier.

Pour Sartre, la liberté de l'individu est ce qu'il fait de ce que l'on a fait de lui, et pour Gaulejac, l'individu est le produit d'une histoire dont il cherche à devenir le sujet. Cette note positive sur les capacités de l'individu à pouvoir agir sur sa vie permet de sortir d'une vision surdéterministe et enfermante.

Chacun de ces enfants a besoin qu'on l'aide à comprendre ce que l'on a fait de lui, pour agir sur ce qu'il a fait de ce que l'on a fait de lui et s'émanciper en agissant sur sa vie pour lui donner un sens et une orientation qui sera la sienne.

Trop de fixation sur le passé de l'enfant, sur son histoire familiale et sur les difficultés que ses parents ont rencontrées peut conduire à négliger les conditions d'existence présentes et futures et entraîner une sous-estimation des conséquences positives que peut avoir le placement, car si celui-ci est bien préparé et accepté, il peut permettre aux parents de travailler sur leurs difficultés, sur leurs dysfonctionnements, et à l'enfant de souffler hors des tourments quotidiens qui ne le concernent pas.

Des parents interviewés par ATD Quart-Monde [5] témoignent de leur souhait d'une vie meilleure pour leurs enfants afin qu'ils ne vivent pas la même vie qu'eux :

> « Parfois le placement est bénéfique pour les enfants. Il arrive que nous-mêmes nous demandions que nos enfants soient placés parce que nous nous rendons compte que nous n'y arrivons pas tout seuls. Cela permet par exemple d'avoir l'esprit plus libre pour apprendre : des adultes qui ont été placés dans leur enfance disent qu'ils ont pu apprendre à

5. ATD Quart-Monde, *Précieux enfants, précieux parents*, *op. cit.*, p. 119.

travailler, à faire quelque chose de leurs doigts. Pour nous les parents, la période où les enfants ne sont pas à la maison peut nous donner l'occasion de reprendre pied. »
« [...] Du fait des conditions de vie très difficiles nous nous rendons bien compte que cela peut être intenable pour les enfants [...]. Quand les conditions deviennent trop difficiles nous demandons de l'aide... »

Il est nécessaire de garder à l'esprit l'idée que le placement peut sauver une famille, s'il n'est pas vécu comme une sanction, une punition à l'adresse de parents jugés incompétents. Le placement permet à chacun de souffler, de se reconstruire, non de se détruire mutuellement, et, enfin, de se séparer pour peut-être mieux se retrouver.

« L'équilibre de cette famille montre que la séparation, indispensable parfois, peut être bénéfique. Surtout quand elle a été organisée avec les parents à qui elle permet de devenir enfin cette mère et ce père qu'ils voulaient mais ne pouvaient être jusque-là... La décision judiciaire longuement préparée, discutée, avait été comprise : non, elle n'était pas une « mère indigne » à qui la justice retire sa famille, mais une femme qui choisissait une vie meilleure pour ses enfants et pour elle... L'important était de travailler en même temps avec les enfants, les parents et les nourrices. Pour que l'image des parents ne soit pas détruite chez les enfants, pour ne pas reproduire ce que les parents avaient eux-mêmes souffert. Il fallait créer des temps de retrouvailles et accompagner les temps de séparation pour que les petits puissent dire et leur peine de quitter l'un et le bonheur de retrouver l'autre sans culpabilité et sans amertume...
Un placement doit être accompagné pour que chacun, l'enfant, les parents, la nourrice, trouve sa place dans une alliance [6]. »

6. M. Titran et T. Potekov, *op. cit.*

9

L'enfant dé-placé et sa quête de place

> *« … Les consignes sont logées dans la mémoire partagée de ce que chacun doit faire pour tenir sa place, jouer son rôle ; tous savent où se tenir, que faire, ce qu'il ne faut pas dire… Cela exige que les acteurs jouent bien leur rôle* [1]*… »*

Il me semblerait plus juste de parler d'enfants dé-placés que d'enfants placés ; en effet, ceux-ci ont dû quitter une place, leur place originelle, celle d'enfant de leurs parents géniteurs, de leur famille d'origine, pour vivre soit dans une institution, soit dans une famille d'accueil, alors qu'ils n'ont rien demandé, ni choisi, puisque le plus souvent, on ne leur a rien demandé, et parfois on ne les a même pas consultés. Ces enfants perdent soudain une place qu'ils croyaient définitive, et parfois, ne se sentent bien ou chez eux dans aucun lieu. Ils ne se sentent nulle part à leur place, ni ici, ni là-bas.

Ces enfants se retrouvent, suite aux difficultés de leurs parents, « ailleurs », dans un autre lieu, dans un nouvel environnement, à une autre place où tout leur est étranger : espace, temps, personnes, habitudes, manières de vivre et de faire.

1. V. de Gaulejac, *La lutte des places*, *op. cit.*

Les réactions de ces enfants interrogent un sujet important et d'actualité, celui de la « place ». Qu'est-ce que peut signifier « avoir une place » dans notre société ?

D'après Vincent de Gaulejac, ce serait avoir un statut, une identité, une reconnaissance, une existence sociale [2]. C'est l'endroit, la position qu'une personne occupe, qu'elle peut ou doit occuper ; être à sa place, c'est être adapté à son milieu, aux circonstances, être à la place qui nous a été assignée, ou à celle qu'on a choisie parce qu'elle nous convient.

L'enfant placé est, lui aussi, inscrit dans un ordre généalogique, il appartient à une famille, à un système familial avec des ascendants, une famille nucléaire, une famille élargie. Il y a une place, sa place dans sa fratrie, celle d'aîné, de second ou autre, celle d'enfant aimé, ou mal aimé.

Par le fait d'être placé, il perd cette place, sans l'avoir choisi, et souvent sans avoir compris ce qui lui arrivait, ce qu'on lui faisait vivre, ce qu'on décidait pour lui. Il vit une rupture de liens avec le monde dans lequel il avait une place, sa place, si petite ou tordue fût-elle.

Tout individu est un héritier au départ, héritier de la famille dont il est issu, car il naît avec un héritage familial, social, affectif, culturel...

Celui qui change de place peut vivre un conflit entre son identité héritée, l'identité originaire qui lui est transmise par son milieu familial, et son identité acquise, celle qu'il construit au cours de sa trajectoire, de son parcours de vie, et au fil de ses expériences.

L'enfant dé-placé se trouve souvent « embrouillé » entre sa place héritée, dans sa famille d'origine, sa place acquise chez sa famille d'accueil ou dans une institution, et la place souhaitée, espérée, désirée, dans son rêve d'adoption par sa famille d'accueil, ou son rêve de retour chez ses parents.

Lorsqu'il est placé dans une famille d'accueil, il peut se sentir tiraillé entre deux familles, deux attachements, tiraillé entre l'amour porté à sa mère, à son père, et l'affection éprouvée à l'égard de sa famille d'accueil que parfois il n'arrive pas à investir, par crainte de trahir ses parents. Il se trouve parfois face à des contradictions qui le mettent dans l'impossibilité d'occuper une

2. V. de Gaulejac, *La lutte des places*, *op. cit.*, p. 19.

autre place que celle qu'il a perdue et qu'il ne retrouvera peut-être jamais.

Coupé de ses origines sociales et culturelles, il peut se sentir dépossédé de son histoire personnelle, déraciné de sa terre initiale. Pourra-t-il s'enraciner ailleurs ?

Chacun d'entre nous est amené à s'adapter à des situations nouvelles, à développer ses capacités de déplacement pour répondre à la nécessité de changer de place ou d'occuper simultanément des places différentes.

Mais est-ce si simple quand on est un enfant dé-placé ?

Changement de place, changement de classe ?

Ces enfants qui arrivent « ailleurs », dans une famille d'accueil ou dans une institution, ont besoin de se situer car ils veulent savoir « où ils sont » et « qui sont les autres, ces autres » avec lesquels ils sont appelés à vivre.

Ils peuvent alors exprimer de l'inquiétude, de l'anxiété comme la plupart des individus qui se trouvent dans des situations nouvelles et étrangères et qui doivent arriver à s'ajuster à leur nouvelle place.

Mais les enfants dé-placés occupent deux places simultanément, l'une chez leurs parents, place qu'ils ne veulent pas perdre, et l'autre dans ce nouveau lieu, cette nouvelle famille, où ils ont leur place à faire, à prendre.

Ces enfants qui occupent des places différenciées sont parfois traversés par des conflits d'habitus, manières d'être, de faire, de vivre, qui peuvent se traduire soit par la reproduction des habitus de la famille d'origine, soit par l'apprentissage de nouveaux habitus, ceux de la famille d'accueil ou de l'institution.

On ne peut faire l'impasse sur le fait que, souvent, ces enfants changent de classe sociale et sont confrontés à une distance sociale entre les deux familles, les deux mondes qu'ils partagent.

En quittant sa famille, l'enfant est parfois conduit à utiliser un autre langage, à acquérir d'autres habitus, à intégrer un autre milieu.

Il se trouve alors confronté à des contradictions entre la fidélité aux identifications passées et la nécessité de les remettre en cause pour s'adapter à ses nouvelles conditions d'existence. Ces enfants peuvent se vivre comme écartelés par des identifications à la fois nécessaires et impossibles. Ce ne doit pas être si facile quand on n'est encore qu'un enfant.

Et pourtant on oublie souvent ces dimensions dans l'accompagnement des enfants dé-placés et de leurs parents. Ils ont besoin de temps pour se poser, se situer, se sentir en confiance là où ils sont, dans un nouvel univers, mais également de temps pour se réhabituer au milieu familial quand ils y retournent.

Dorothée, la fille de Marie, me racontait comment elle et sa maman s'étaient sorties d'un situation compliquée, qu'on n'imagine pas de l'extérieur. Elle se rappelle une période difficile où elles étaient toujours en conflit lorsque Dorothée séjournait chez sa maman. Elles ne comprenaient, ni l'une, ni l'autre, ce qui se passait et pourquoi elles se heurtaient ainsi ; alors, un jour, Marie dit à sa fille : « On s'assied à cette table et on essaie de comprendre ce qui se passe ! »

Et là, en parlant ensemble, elles se sont aperçues qu'elles étaient face à un problème de compréhension parce qu'elles ne donnaient pas le même sens aux mêmes choses.

« On ne mettait pas les mêmes mots sur les mêmes choses, on ne se comprenait pas, on ne se comprenait plus », me précisent ensemble Dorothée et sa maman, ce à quoi Dorothée rajoute :

> « On vivait dans deux mondes différents, moi chez ma nourrice et elle ici ; on ne vivait plus de la même manière, et je considérais que j'avais quand même eu de la chance d'avoir appris tout ce que j'ai appris (chez Mme Line), parce que ma mère elle n'a pas eu cette chance-là et elle n'a pas pu aller à l'école comme moi.
> Mais on n'avait plus les mêmes habitudes, et ça agaçait ma mère parce que je ne faisais pas comme elle voulait, je ne faisais pas les choses de la maison comme elle… »

Dorothée se trouvait tiraillée entre deux mondes différents, entre deux classes sociales, celle de sa famille d'origine et celle de sa famille d'accueil. Et Marie ne reconnaissait plus sa fille, ni ses gestes, ni ses manières de faire et de parler.

Le fait d'avoir pu mettre des mots sur ce « malentendu » leur a permis de mieux comprendre ce qui les séparait et les déchirait, et a été nécessaire pour sortir de ce conflit qui leur rendait la vie difficile, et pour s'accepter et se supporter mutuellement.

L'enfant peut se vivre comme un paquet qu'on ballotte ici ou là, qu'on dépose quelque part sans aucune certitude d'y rester ; et, en plus, on lui demande « d'y mettre du sien » pour que ça marche, là, à la place qu'on lui a assignée, mais où il ne se sent pas forcément bien, ni à sa place, ni à la bonne place. Doit-on s'étonner d'en voir certains se rebeller ?

L'intervention a parfois trop souvent tendance à se centrer uniquement sur l'enfant, comme s'il était seul au monde, sans tenir compte qu'il a une famille, sans tenir compte de l'environnement qui est le sien, dans lequel il a vécu, duquel il vient, et qui fait partie de lui, avec ses valeurs, ses habitudes, ses appartenances culturelles, sociales et affectives.

À être trop centrée sur l'enfant, l'intervention éducative peut négliger la dynamique familiale et les besoins des adultes, ceux qui font partie de la vie de l'enfant ; on ne peut oublier également son réseau relationnel et social, si restreint soit-il, ses grands-parents, oncles, tantes, cousins, amis…

Ballotté parfois d'un lieu à un autre « on » organise sa vie comme s'il n'avait pas de famille, c'est pourquoi il peut se sentir étranger partout.

La séparation est une rupture qui se produit une fois, voire plusieurs fois, mais qui fait « qu'un enfant ne peut plus se sentir en sécurité nulle part après une pareille épreuve, même si elle est unique […] et la plupart des enfants séparés de leur famille manifestent un sentiment d'insécurité important car ils sont dépossédés d'un passé qu'ils ne comprennent pas, d'un présent qu'ils n'acceptent pas et d'un avenir qu'ils ne décident pas [3] ».

Ces enfants sont tiraillés entre une famille d'origine qu'ils ne peuvent oublier et une famille d'accueil qu'ils n'arrivent pas à adopter sereinement, par crainte de trahir leur famille d'origine. Mais quelle place peuvent-ils prendre lorsqu'ils arrivent dans un lieu où les places sont déjà occupées ? Ne leur offre-t-on pas un « semblant » de place ?

> « … Ils arrivaient dans des familles qui étaient des familles d'accueil, ils ne baignaient pas dans leurs héritages, dans leurs transmissions officielles, il n'y avait pas de grands-

3. P. Verdier, *L'enfant en miettes*, Toulouse, Privat, 1978.

parents qui pouvaient parler ce passé pour eux. Et rien ne prenait le relais [4]. »

L'imaginaire peut alors devenir un refuge nécessaire et protecteur pour ces enfants.

Le roman familial

Le roman familial est un fantasme repéré par Freud dans lequel l'enfant se dit que ses parents ne sont pas ses parents, qu'il n'est pas l'enfant de ces parents-là et qu'il est un enfant adopté. Selon Freud, ce fantasme exprime la volonté de détachement vis-à-vis de ses parents et marque l'autonomie du sujet.

Les fonctions de ce fantasme seraient de corriger la réalité, de s'inventer une origine sociale plus satisfaisante, plus estimable, pour supporter la réalité. On touche le mythe du héros, comme s'il fallait avoir une origine exceptionnelle pour avoir un destin exceptionnel :

> « Fantasme selon lequel les enfants abandonnés ou malheureux imaginent qu'ils sont issus d'une lignée prestigieuse et qu'un jour la vérité éclatera sur leur origine véritable [...] Le roman familial désigne également les histoires de famille que l'on se transmet de génération en génération [5]. »

Ce fantasme peut permettre de désamorcer des conflits œdipiens, car l'enfant séparé de ses parents se dit que ces parents-là ne sont pas ses vrais parents, et c'est moins violent à vivre que de supporter l'image négative de ses parents, l'image qui lui est renvoyée, l'image qu'il en a, qu'il s'est construite en partageant le quotidien de « ces » parents-là qui sont « ses » parents, qui font que ce n'est pas grâce à eux qu'il en est là, mais à cause de ce qu'ils sont et de leurs difficultés ! Que peut-il alors ressentir ?

> « Depuis que j'accompagne ces familles dans les petites ou les grandes choses de la vie, je constate chaque fois que leurs interlocuteurs les regardent avec suspicion et rejet. Qui pourrait endurer cela [6] ? »

4. M. Lani-Bayle, *L'enfant et son histoire*, Toulouse, érès, 1999.
5. V. de Gaulejac, « Histoire de vie : Héritage familial et trajectoire sociale », dans *Familles, permanence et métamorphoses*, Auxerre, Éditions sciences humaines, 2002, p. 200.
6. M. Titran et T. Potekov, *op. cit.*

Pour l'enfant placé tout est bouleversé, car il vit avec des adultes (éducateurs ou parents nourriciers) qui ne sont pas ses parents ; ceux-ci peuvent devenir les mauvais objets qu'il va bousculer, voire rejeter, afin de retrouver ses vrais parents qu'il pourra idéaliser parce qu'il en est éloigné et qu'il ne partage pas le quotidien avec eux.

Là, le roman familial joue un rôle important et structurant car, en embellissant son histoire, il permet à l'enfant que sa vie soit vivable et supportable ; en effet, comment investir une nouvelle famille ou de nouveaux adultes sans être dans la crainte de trahir ses parents ?

> « R. a toujours pensé à cette maman magnifiée, idéalisée, qui lui manquait tant, qu'elle aimait de façon incommensurable, et qu'elle attendait. Ce rêve l'a portée pendant toute son enfance. Sans doute lui a-t-il donné la force d'aller de l'avant, mais il lui a surtout ouvert le vaste horizon de l'imaginaire qui permet d'échapper au poids du malheur et à la réalité désolante de la vie. Il lui a fait garder l'espoir d'un avenir meilleur et le courage de lutter [7]. »

Des assistantes maternelle disaient, lors d'une formation, à quel point elles comprenaient la nécessité de ne pas rompre les liens avec les parents, avec la famille d'origine (sauf dans des situations graves, bien sûr), et de faire en sorte que les séparations ne soient jamais trop longues :

> « … Les parents sont toujours très importants pour les enfants et nous ne nous en rendons pas toujours compte. Il faut éviter une trop longue séparation durant laquelle l'enfant idéalise et imagine tellement ses parents que les retrouvailles n'en sont que plus douloureuses car la réalité n'est pas en rapport avec ce qu'il imaginait [8]… »

Tout adolescent a besoin de s'écarter de ses parents, de s'en éloigner, de rejeter ce qu'ils représentent, cela pour se construire une identité et devenir lui-même, en se différenciant de ses géniteurs.

7. H. Daniel, Préface, dans R. Colonel, *Où es-tu, maman ?*, Paris, Éd. Michel de Maule, 2003.
8. C. Abels-Eber, *Enfants placés et construction d'historicité*, *op. cit.*, p. 91.

L'adolescent placé est dans un mouvement inverse car lui ne demande qu'à retrouver ses parents et à s'en rapprocher, ce qui n'est pas toujours simple à vivre durant la période si particulière de l'adolescence.

> « Pour développer une identité positive, il faut non seulement la conscience d'une identité personnelle, mais aussi celle d'appartenir à un groupe avec des caractéristiques auxquelles on peut s'identifier, et des caractéristiques positives [9]. »

ESTIME DE SOI !!

Certains jeunes peuvent même ralentir leur développement car faire mieux que leurs parents ce pourrait être les disqualifier, les invalider, les rejeter. Et puis, comment aimer et admirer un père ou une mère quand ils sont rejetés par les autres ?

Certaines familles sont stigmatisées dans ce qu'elles sont, sont déniées, et ne se sentent pas toujours autorisées à être autrement que comme elles sont désignées.

L'enfant peut se trouver confronté à des modèles identificatoires négatifs, à des modèles parentaux qui peuvent le disqualifier, lui aussi ; et il se trouve alors face à une impasse, et comme le dit Sami Ali : « Je ne veux pas être ce que je suis, je ne peux pas être un autre que ce que je suis [10]. » Quel dilemme !

Certains enfants sont envahis par des pensées qui peuvent entraver leurs capacités d'apprentissage, et parfois ils arrêtent même de penser pour ne pas souffrir, car penser est trop angoissant pour eux. Ils n'ont pas la disponibilité psychique pour accéder à la connaissance, trop envahis par leurs préoccupations.

D'après Vincent de Gaulejac [11], cité par ATD Quart-Monde, la construction d'une personnalité dans un faisceau de contradictions et de déchirures peut créer un sentiment de honte chez certains enfants qui sont déchirés entre ce qui les lie à leurs parents et ce qui provoque leur rejet chez eux et dans leur environnement social.

Pour cet auteur, si les parents étaient soutenus dans leur lutte, dans leur mobilisation, les enfants souffriraient moins dans leur développement, car ils seraient moins atteints, moins résignés s'ils voyaient leurs parents se battre et non dans la résignation.

---

9. R. Sennett, *Respect de la dignité de l'homme dans un monde d'inégalité*, *op. cit.*
10. Sami Ali, « Imaginaire et pathologie, une théorie de la psychosomatique », dans *Analyse psicologica*, Lisbonne, 1989.
11. V. de Gaulejac, *Les sources de la honte*, *op. cit.*

> « Il peut connaître, face aux humiliations extérieures, la honte et la haine de sa situation objective d'enfant placé, et développer colère et honte à l'encontre de ses parents quand il n'a pas d'autres recours que de les considérer responsables de ce qu'il subit », précise de Gaulejac.

Le placement peut aider l'enfant à changer l'orientation de sa vie, et à ne pas reproduire la vie de ses parents. Mais comment l'accompagner dans ce sens sans qu'il ait le sentiment de trahir ses parents, ou la crainte de les perdre et de perdre leur amour ?

On ne peut ignorer la « concurrence » déloyale qui existe entre l'offre que peut faire la famille et celle que fait l'institution, cette institution qui est face à des manques à combler chez l'enfant et qui parfois le comble autant qu'elle le peut ; cette institution qui, comme le souligne Fustier, pense que la solution est de « combler le vide, vide intolérable qu'il faut transformer en plein [...], substituer une présence à l'absence, trouver solutions et réponses qui colmatent la brèche à partir de laquelle l'individu fait appel [12] ».

Pour les familles dont les problèmes partent de difficultés d'ordre socio-économique, Delens-Ravier nous éclaire sur le fait que « l'écart entre les niveaux de vie du milieu d'hébergement et du milieu familial est une source de fracture entre parents et enfants [...] et, dans l'incapacité objective de soutenir une telle concurrence, les parents vivent le rapport aux institutions et aux familles d'accueil sur le mode de la défaite douloureuse ».

Cet écart peut éloigner les enfants de leurs parents ; en effet, ils sont « comblés » là où ils vivent maintenant, ils ne manquent de rien et souffrent parfois lors du retour dans la maison familiale, où souvent, l'abondance est absente, bien que certains parents se sacrifient pour tenter d'offrir à leurs enfants autant que ce qu'ils ont ailleurs ; mais c'est ce qu'on viendra aussi leur reprocher ! (Voir l'exemple de Marie.)

> « On ne saurait prendre réellement conscience de sa place dans le monde sans combattre les sens dont les autres ont recouvert de force notre position [13]... »

12. P. Fustier, *Les corridors du quotidien*, Lyon, PUL, 1993.
13. R. Sennett, *Respect de la dignité de l'homme dans un monde d'inégalité*, *op. cit.*

Le projet parental

Les parents, pour la plupart d'entre eux, ont des souhaits pour leur enfant à naître ou déjà là. Le projet parental est l'expression du désir des parents pour leur enfant, et, pour l'enfant, il est une représentation de l'idée qu'il se fait de ce que ses parents souhaitent qu'il devienne, ou désirent qu'il soit.

Beaucoup de parents souhaitent que leurs enfants aient une vie meilleure que la leur, en accédant à une certaine position sociale, mais aussi, et à la fois, qu'il reste fidèle à ses origines et à sa famille, qu'il reste solidaire de son milieu. Ils peuvent craindre de le voir s'éloigner et acquérir des habitus étrangers à leur monde, et, en cela, devenir un étranger pour eux, comme en témoigne l'exemple de Dorothée, citée ci-dessus.

> « La famille est le lieu privilégié du travail d'incorporation de l'histoire et de la fabrication des héritiers ; l'héritage opère comme structure de transmission qui situe le cadre dans lequel chaque enfant est inscrit, et c'est sur cette base que s'étaye le projet parental, soit l'ensemble des représentations que les parents se font de l'avenir de leur enfant. Les parents ont des souhaits, des projets sur le devenir de leur enfant ; ils désirent qu'il se conforme à l'image qu'ils projettent en lui ; ils lui proposent des buts à atteindre, des objectifs de vie. [...]
> Dans le projet parental se trouve le rapport du père et de la mère au désir de leurs propres parents pour eux-mêmes [...]. La genèse du projet parental se trouve dans la généalogie ; il est l'expression des projets des générations précédentes, du groupe familial qui le produit [...]. Il convient donc de référer le projet parental non seulement à la situation sociale des parents, dans la mesure où le projet véhicule les habitus, les valeurs et les normes de leur classe d'appartenance, mais aussi à leur histoire, elle-même produit de l'histoire familiale, afin d'en saisir la dynamique interne et en particulier les contradictions qui vont être agissantes dans le devenir de l'enfant, et auxquelles celui-ci va se trouver confronté [...].
> Il convient donc de considérer le projet parental non pas comme un ensemble de désirs, d'idéaux, de modèles auxquels l'enfant doit se conformer, mais plutôt comme un ensemble contradictoire qui propose à la fois des buts à

atteindre et à éviter, des désirs ambivalents, des modèles et antimodèles [...].
Lorsque les parents n'ont pas su ou pas pu résoudre les conflits rencontrés dans leur rapport à leur propre projet parental, ils en chargent leurs enfants. Ceux-ci sont alors investis d'une mission de réussir là où les parents ont échoué, de réparer leurs erreurs, de combler leurs failles, de réaliser ce qu'ils auraient souhaité accomplir [...]. C'est donc un élément central de l'identité héritée [14]. »

Cette longue réflexion nous montre l'importance de la fonction du projet parental dans l'orientation d'une vie. Mais l'enfant peut aussi se trouver confronté à des conflits entre le projet maternel et le projet paternel, car il peut y avoir des projets différents, voire contradictoires, qui s'entrecroisent, tels que le projet maternel, le projet paternel et le projet commun aux deux parents. Comment s'y retrouver dans tout cela ?

On peut construire sa vie en conformité avec ce que l'on pense que nos parents souhaitaient pour nous, ou en opposition. Ce projet que l'on a incorporé est en partie imaginaire et peut être en écart avec la réalité de ce que nos parents souhaitaient pour nous ; mais dans tous les cas, il a une influence sur le cours de la vie de l'enfant, et de l'adulte qu'il deviendra.

Les enfants séparés de leurs parents reconstruisent leurs parents dans leurs rêves et cette reconstruction imaginaire peut prendre la forme du roman familial tel que nous l'avons abordé précédemment.

L'enfant idéalise ses parents avant de pouvoir les désidéaliser. Certains enfants sont parfois obligés de lutter contre des identifications à des parents déficients dans leur parentalité ; mais leurs parents restent leurs parents et c'est ainsi que l'enfant les vit, même si c'est lourd pour lui.

Il cherche à les protéger, surtout des jugements extérieurs qui peuvent le conduire à ressentir de la honte, car s'attaquer à eux, c'est s'en prendre à lui. Il les défendra toujours si quelqu'un les juge ou les disqualifie, car il espère qu'ils vont changer, et il va travailler à tenter de les réhabiliter.

14. V. de Gaulejac, *La névrose de classe*, Paris, Hommes et groupes, 1987.

> « Ces parents idéaux, imaginaires, qui ont pris la place de son idéal du moi vont le pousser à se dépasser, à prendre l'exact contre-pied de leurs faiblesses [15]. »

Dans l'accompagnement des enfants placés, il paraît nécessaire de tenir compte du projet des parents pour leur enfant, car il est important pour l'enfant, et il permet aux parents d'avoir une place dans la vie de leur enfant et de ne pas en être dépossédés ; ils ont eux aussi leurs mots à dire. Et plus on ignorera ou mettra de côté le projet parental, plus l'enfant s'y raccrochera par loyauté familiale ; en effet, entre le projet de l'institution à son égard et le projet de ses parents, on devine bien que celui qui le guide et auquel il tentera de répondre sera celui de ses parents car c'est celui qui l'habite et qu'il a incorporé.

Il me semble, d'ailleurs, que les projets éducatifs construits par les éducateurs pour les enfants ou adolescents qu'ils accompagnent sont parfois, à leur insu, plus proches du projet parental que du projet éducatif, et peuvent être sous-tendus par ce type de pensée : « Voilà ce que je souhaiterais pour toi… (si tu étais mon enfant…) », ce à quoi l'enfant saura répondre, par des actes, ou avec ses mots : « Tu n'es pas mon père », ou « Tu n'es pas ma mère ! »

> « La relation éducative va être le lieu où s'élabore pour le jeune une certaine connaissance de soi. Ceci, à condition que l'éducateur n'envahisse pas l'espace de la relation de ses propres fantasmes et représentations inconscientes [16]. »

Nous ne pouvons ignorer la place essentielle, réelle ou imaginaire, que prennent les parents pour tout individu fils ou fille de… Que cette influence soit positive ou négative, elle reste au fondement de nos rapports au monde, à la vie, à autrui. Évincer, oublier ou nier les parents dans l'accompagnement de l'enfant, c'est risquer de le morceler et de passer à côté de ce qui le tient et le lie à ses origines. L'enfant sait bien nous rappeler qu'il est et demeure l'enfant de ses parents. C'est à nous de l'entendre et de le respecter tout au long de l'accompagnement de l'enfant et de sa famille.

15. M. Hanus, *La résilience à quel prix ? Survivre et rebondir*, Paris, Éditions Maloine, 2001.
16. J. Rouzel, *Le travail de l'éducateur spécialisé*, Paris, Dunod, 1997.

10

En réponses

J'ai demandé à deux directeurs d'établissements qui dirigent plusieurs structures d'accueil d'enfants et d'adolescents en difficulté sociale de réagir à la lecture des différents récits présentés.

RÉPONSE 1 : TEXTE D'OLIVIER G. [1]

« Ces récits, qui peuvent paraître invraisemblables, représentent bien une vérité, celle de certains enfants (pas tous heureusement) qui connaissent ou qui ont connu le service de l'Aide sociale à l'enfance.
J'en ai entendu d'autres, différents et à la fois identiques dans la violence et dans la haine. Mais je ne peux pas me résoudre à penser que tout est uniquement de la faute des travailleurs sociaux. Même si, comme l'exprime si bien Marie, être pris en charge par les services sociaux ressemble étrangement à un parcours du combattant.
En tout cas, ces récits démontrent combien il est nécessaire dans la vie professionnelle d'un travailleur social de prendre en compte, avec humilité et dans une approche humaniste de la souffrance, la réalité de l'autre : réalité faite de richesses,

1. Olivier Gentilleau, directeur de la fondation Verdier à Tours (37).

de difficultés, de douleurs, de joies, de faux pas et de dérives, sans verser dans le misérabilisme ou dans le sensationnel.
Oui, j'ai rencontré des enfants qui ont parlé de leur séjour à l'institution comme d'une guerre ; qui m'ont dit : « Ce que j'ai vécu chez moi, c'est l'horreur ; mais je préfère encore ça à la vie en maison d'enfants... » Oui, j'ai rencontré des enfants qui voulaient punir leurs parents de « les abandonner ou de les avoir abandonnés en enfer », tel ce petit N., très récemment, qui lors de la visite d'admission prétendait systématiquement avoir compris le contraire de ce qu'avait dit le juge ; alors qu'interrogeant les parents sur les droits de visite et d'hébergement fixés par le magistrat, ils me répondaient : « Trois week-ends chez nous et un à l'institution », l'enfant candide protestait : « Mais j'avais compris trois week-ends à l'institution et un chez vous. » (il n'a même pas dit « chez nous » !)
Il me semble qu'au fondement même de l'échec de la protection sociale de l'enfance [2] se situe l'effet pervers d'une judiciarisation outrancière de la société. Paradoxalement, toute l'abondante production législative de l'année 2002, en voulant protéger l'usager, l'enfant, sa famille, en développant le concept de prise en charge individualisée, de contrat de séjour, etc., a amené les acteurs-intervenants à se protéger en apportant une réponse trop souvent administrative à la détresse d'une famille dont l'enfant est confié.

Au-delà du fait que parfois certains d'entre eux – du juge à la lingère (j'y reviendrai plus loin) en passant par l'inspecteur de l'ASE et l'éducateur – n'ont pas toujours compris que confier et accueillir un enfant – on parle encore de « placement », quel vilain terme – ne doit pas être synonyme de rapt, la peur du faux pas, d'avoir à se retrouver en position de « hors-la-loi », les place délibérément dans une interprétation drastique des textes qui laisse peu de place à la rencontre de l'autre et à la chaleur humaine. C'est ce que j'appelle la « république des parapluies ».
Je vais donner un exemple. Juste avant l'admission d'un enfant au sein du service de l'ASE (mais c'est également valable pour un accueil en maison d'enfants) a bien souvent

2. M. Berger, dans *L'échec de la protection de l'enfance*, *op. cit.*

lieu une visite de préadmission. L'interlocuteur de la famille, dans un souci incontestable de bien faire, entonne une longue et monotone litanie des devoirs des parents, en rappelant bien que leur enfant leur a été retiré, les motifs de ce retrait, mais qu'ils gardent l'exercice de l'autorité parentale… Or, cela, la famille l'a entendu des dizaines de fois de la bouche de dizaines d'interlocuteurs différents ; et ça, c'est insupportable. Puis, il leur fait signer un certain nombre d'imprimés le dégageant de sa responsabilité, dont certains n'ont, juridiquement, même plus lieu d'être, comme, par exemple, l'autorisation d'opérer en urgence. Petit à petit, l'administration marque son territoire et l'on voit l'autre dépossédé du plus élémentaire des droits, celui au respect.
La famille perd le peu de repères qu'elle possède, et c'est la spirale infernale d'une pseudo-rencontre où les interlocuteurs ne parlent pas la même langue.
Qui serait assez fort pour ne pas « lâcher l'affaire », comme disent certains jeunes ?

Finalement, on ne parle que très peu des droits de façon neutre, sans prendre parti, sans se substituer au juge.
Parfois cela peut aller plus loin et devenir lourd de conséquences. Lorsqu'on aborde la question de « l'enfant confié », l'être humain passe au second plan et devient un dossier qu'il faut « border », comme l'on dit dans notre jargon, pour ne pas faire l'objet d'une procédure judiciaire.
Je me souviens d'une anecdote consternante. Une jeune fille n'avait pas de droit de visite et d'hébergement chez ses parents. Par contre elle avait eu l'autorisation d'être accueillie par une sœur plus âgée qu'elle, pour Noël. Cette autorisation avait fait l'objet d'un jugement de la part du magistrat, libellé en ces termes : « Autorisons la jeune… à résider chez sa sœur Mlle…, le week-end de Noël… »
Elle s'en faisait une joie, et nous aussi, car pour un enfant passer Noël en institution est très douloureux, comme on s'en doute.
Le 24 décembre, j'ai reçu un appel téléphonique de l'inspectrice de l'ASE en charge du dossier, qui m'informait que l'adolescente ne pourrait sortir, le jugement risquant d'être attaqué. Comme je lui faisais part de mon étonnement, elle

me répondit : « Le juge s'est trompé. Cette année Noël n'est pas un week-end ! »

Personnellement lorsque je reçois une famille, même lorsque la séparation est due à des faits graves je rappelle qu'on ne doit « jamais claquer une porte ; qu'il faut toujours la fermer doucement pour pouvoir la ré-entrouvrir un jour ». Cela exclut d'emblée le risque du jugement. Je me souviens d'un intervenant qui, au cours d'un rendez-vous, a dit à une famille : « Vous vous rendez compte de ce que vous avez fait ! » Après ce rendez-vous, alors que j'en reparlais avec lui, je lui disais combien j'avais été étonné de constater qu'il jugeait, alors que cela ne relevait pas de ses compétences.

On parle fréquemment de harcèlement de certains services sociaux. Moi, je ne parle pas de harcèlement, car celui-ci est répréhensible, c'est-à-dire susceptible de sanction. Cela signifie que le sujet harcelé a au moins la possibilité de se défendre devant les tribunaux. Je parle d'acharnement.
Mais je ne veux pas jeter la pierre à qui que ce soit. Il s'agit là d'autre chose : la peur pour le travailleur social de se retrouver seul en face de la différence, autrement dit la solitude. C'est là un aspect du travail social extrêmement important, et trop souvent négligé. Car cela déclenche souvent une forme de toute-puissance chez le travailleur social, persuadé que devant un être humain, il n'a pas droit à l'erreur. Ce n'est pas entièrement de sa faute. Les missions qui lui sont confiées sont lourdes, graves de conséquences, et si un certain nombre d'outils ne sont pas mis à sa disposition pour qu'il puisse accompagner l'autre, sa mission est vouée à l'échec.
Ne serait-il pas temps de rappeler que l'imperfection existe, de la même façon pour tous et dans toutes choses, tout comme chaque être humain rencontre la peur très régulièrement ?
Et que lorsqu'il a peur, il se sent agressé. Et que lorsqu'il se sent agressé, il se défend. Et que pour se défendre, la meilleure des solutions est l'attaque. Avec des armes.

Pour nous travailleurs sociaux, les *armes* sont multiples et variées. *La loi*, tout d'abord, à laquelle il nous arrive parfois de ne rien comprendre. Devant une famille désemparée (et

donc agressive), l'arme absolue est trop souvent : « Mais enfin, madame, vous oubliez que le juge a prononcé une décision au regard de l'article 375 du code civil. Ne pas respecter cette décision vous exposerait à des sanctions pénales. »
Qu'en savent-ils ? Le juge n'a pas prononcé une décision pour punir, mais pour protéger.
Une autre arme tout aussi terrible concerne *le langage* des travailleurs sociaux, incompréhensible, parfois ambigu, dont certains mots sont blessants et humiliants, qui a le pouvoir de mettre de la distance entre les individus. Il nous arrive même de dire d'une famille, sur le ton de la plaisanterie : « Ces gens-là parlent éducateur couramment. » Cela signifie que l'on a peur, et que plus on a peur, plus on cherche à mettre de la distance entre l'objet de la peur et soi-même. En d'autres termes, cela renvoie l'autre à son insuffisance.

Je me suis toujours dit que je puiserais volontiers dans les mines que représentent certaines réunions pour construire le Petit Robert du travailleur social ! Je me souviens également d'une réflexion d'un collaborateur de notre commissaire aux comptes. Un jour il me demandait pourquoi j'avais délibérément modifié le plan comptable et remplacé l'intitulé de certains comptes, « vêture » par « habillement », ou encore « pécule » par « argent de poche ». C'était là à ses yeux une hérésie.
Et pourtant au sein même de notre milieu professionnel combien de fois n'entend-on pas : « Viens donc toucher ton pécule, comme ça tu pourras faire ta vêture », termes, entre autres, qui signent de façon indélébile l'appartenance au service de l'Aide sociale à l'enfance. Emploie-t-on ce vocabulaire dans une famille « ordinaire » ?

Cet événement « rupture » rendu nécessaire par une situation d'enfants en danger débouche sur un avènement « placement » ; quelle métaphore bien choisie ! Cela me reporte à plusieurs années en arrière. Quand un enfant était accueilli en institution, il était de tradition de déposséder l'enfant de tout ce qui pouvait rappeler que ses parents étaient de mauvais parents. Ainsi, la lingère qui trônait dans sa lingerie, parfois située à proximité de l'entrée, kidnappait littéralement l'enfant et sa famille à l'admission et s'emparait

de tous les vêtements du pauvre gosse terrorisé avant de distribuer généreusement une vêture neuve.
Passer d'un événement (la rupture) à un autre (l'accueil au sein du service de l'ASE) revêtirait une connotation rédemptrice : pour que cela ait de la valeur il faudrait en passer par la souffrance ! Est-ce bien nécessaire ?

Si la rupture entre l'enfant et sa famille est inévitable, je dirais même parfois nécessaire, je me rends compte qu'entre la rupture et le placement, il y a un très large territoire non exploré que l'enfant devrait pouvoir découvrir accompagné et s'approprier petit à petit. Un territoire où les ombres engendrent de la peur, de la haine, comme ils disent, et finalement produisent de la violence. Ce no man's land entre l'avant et le placement, et le placement et l'après (le retour quand celui-ci a lieu), est régulièrement laissé en friche.

C'est dès ce stade que devrait être mis en place un fil rouge, repérable à une prise en charge spécifique par un référent et un seul qui aurait un rôle de guidance, de repère pour le jeune et pour sa famille, en tissant ce fil rouge entre l'histoire familiale et la réalité du présent (par une approche très systémique), pour repérer – entre autre - les failles intergénérationnelles. Pour limiter aussi les effets des traumatismes d'origines diverses qui causent des ravages sur les dynamiques intrafamiliales.
Je suis convaincu que si l'on ne s'occupe que d'un acteur, on en oublie les autres. Et l'oubli d'acteur(s) génère de la disqualification. Et la disqualification peut entraîner de la reproduction.

Un de mes premiers contacts avec un juge des enfants (il y a plus de trente ans !) a déterminé chez moi la quasi-obligation (déontologique) de rester neutre dans l'histoire, c'est-à-dire de n'avoir qu'un rôle de guidance. Voici l'anecdote. Lors d'une audience où étaient reçus un couple et ses enfants (relativement nombreux puisqu'ils étaient cinq frères et sœurs), le magistrat a invectivé les parents devant les enfants de la manière suivante : « En matière d'éducation, vous êtes la poubelle du département ! » Je laisse deviner l'effet dévastateur de tels propos sur les enfants et surtout sur la construction de leur psychisme.

Depuis, les enfants (tous confiés évidemment) ont grandi… ont fait des enfants… eux-mêmes pris en charge par le service de l'Aide sociale à l'enfance pour une grande majorité.
Des exemples comme celui-ci j'en ai à la pelle. Tel cet instituteur dans la cour de récréation d'une école primaire, s'adressant aux enfants : « Les [il employait ici le nom de la MECS [3] pour désigner les enfants], rangez-vous mieux ! »

L'enfant confié ne devrait pas devenir « une population à risque ». Pas plus qu'il ne devrait être marqué à vie du sceau d'un handicap insurmontable. Pas plus que la « cas-socialité », comme je l'appelle souvent, par dérision, n'est une maladie à inscrire au généthon ! Dans la reproduction interviennent des facteurs socio-économiques où l'enfant est bouc émissaire des conflits intrafamiliaux et transgénérationnels (par exemple des règlements de comptes entre parents ou avec des ancêtres).
Chaque acteur intervenant dans la sphère du travail social (du juge à l'éducateur, de l'inspecteur de l'ASE à l'assistante sociale, du formateur au psychologue, etc.) devrait comprendre qu'on ne naît pas « cas social », qu'on le devient. Et personne n'en est à l'abri. De la même manière, un enfant n'est jamais « cas social » à lui tout seul ! Bien sûr ces termes sont de la provocation ! Quoique… Et puis, je pense qu'on ne devrait pas dire cas social, mais cas sensible.

L'enfant fait partie d'un environnement familial qu'on lui impose de quitter, souvent sans préparation, et de retrouver, tout aussi souvent sans préparation. C'est à mon avis une des causes de la reproduction.

Écartelé entre deux modes de vie, deux éducations différentes, des apprentissages parfois opposés, l'enfant confié ne sait plus. Et pourtant ses racines lui imposent d'être loyal à sa famille naturelle. C'est ce que le psychiatre chilien Jorge Barudy appelle « les troubles de l'attachement » : « L'établissement d'un lien d'attachement joue un rôle essentiel, mais pour autant la réponse de la figure d'attachement n'est pas nécessairement adéquate. L'observation clinique nous a montré qu'un enfant maltraité par ses parents peut néan-

3. MECS : maison d'enfants à caractère social.

moins développer des liens à leur égard. [...] L'attachement entre un jeune et sa mère peut exister indépendamment du fait qu'elle soit gratifiante ou non [4]. »

Combien de fois ai-je vu le regard des enfants pour lesquels le magistrat prononçait soit une OPP, soit une mainlevée, incrédule, du genre « c'est pas vrai, il va pas faire ça ! »
Un jour, de retour d'une audience où le juge venait de décider une mainlevée, la fillette concernée m'a dit : « Rien n'est prêt. Je ne pensais pas qu'il [le juge] oserait. Maintenant je vais être obligée d'aller re-vivre chez moi et tout risque de recommencer. » Quant à sa mère, elle m'avouait avoir voulu faire plier le juge. Juste pour montrer qu'elle n'était pas mauvaise mère.
Ces constats mènent tout droit au « dé-placement » de l'enfant. Certes il y a des enfants qui pensent que leur place originelle est celle à laquelle ils doivent être. Et pour lesquels la quitter engendre une grande souffrance.
J'ai pourtant rencontré plusieurs jeunes qui d'emblée ont situé leur placement comme bonne place (au regard de la définition de Vincent de Gaulejac [5] sur la place dans la société). Et pour ceux-là, je crois pouvoir dire que la séparation d'avec leur place originelle a été, certes, douloureuse, mais aussi source de bien-être, voire de bonheur. Autrement dit, j'ai rencontré des enfants malheureux, désirant couper toute forme de relation avec leur milieu d'origine, et ce à partir d'une décision réfléchie de leur part ; cela ne les a pas empêchés du reste d'aller – avec intérêt et sérénité – à la découverte de leur histoire, ce qui très curieusement les confortait dans l'idée que la bonne place était en institution. Et là, ma théorie du « on ne claque pas une porte mais on la ferme doucement... » ne tenait plus, ou du moins leur propre analyse de ce qu'ils avaient vécu avait été à un tel point de lucidité qu'ils savaient qu'il y a des portes que l'on n'ouvre plus et qu'il ne faut même pas chercher à ouvrir. [...]

4. J. Barudy, *La douleur invisible de l'enfant. Approche écosytémique de la maltraitance*, Toulouse, érès, 1998.
5. V. de Gaulejac et I. Taboada Léonetti (sous la direction de), *La lutte des places*, Paris, Desclée de Brouwer, 1994.

Par contre, il est clair qu'être accueilli au service de l'Aide sociale à l'enfance génère un changement de classe. Je vais même beaucoup plus loin. Je pense que le travailleur social se sent investi d'une mission salvatrice et parfois même un tantinet perverse, celle d'avoir à remodeler la personnalité d'un enfant placé. Le vieux fantasme du Pygmalion en quelque sorte.
Si l'on rapporte cela à l'enfant confié, cette dimension du fantasme, encore une fois nécessaire à l'évolution de l'enfant, ne peut exister. Le risque de trahison vis-à-vis de ses parents est trop important. Mais il y a aussi le risque de l'abandon réel qui dans ce cas est omniprésent.

Car l'enfant qui trahit devient un enfant en risque d'abandon. Il a trahi le code familial et, à l'instar des bébés animaux que leur mère abandonne après avoir senti une autre odeur, il doit être exclu de la cellule familiale. Et cela se reproduit relativement souvent. Dans le chantage tout d'abord : « Puisque vous me l'avez pris, gardez-le. » Puis dans les faits : « Je ne le supporte plus, il ne fait que des bêtises, gardez-le ce week-end, ou durant les vacances… »
Ce danger que représente la trahison amène souvent l'enfant ou / et sa famille à adresser aux travailleurs sociaux des messages codés ou alors péremptoires. Décoder un message qui dans la réalité signifie « je n'y arrive plus, aidez-moi » reste très compliqué, le risque de l'interprétation aidant. Faire face à un jeune qui affirme « toi, éducateur, je te rends détenteur d'un secret, je t'interdis formellement d'en parler, mais fais en sorte de m'aider » devient un poids extrêmement lourd à porter pour un travailleur social. On se retrouve à devoir gérer l'ambivalence.

Marie, par exemple, qui du fait qu'elle revendique avec force sa place de mère est rejetée par les services sociaux, est un exemple que l'on retrouve régulièrement dans les institutions. Cela reste particulièrement compliqué à gérer ; on nage souvent en plein paradoxe.

Et pourtant des solutions existent. Permettre aux travailleurs sociaux de réfléchir et de se distancier lors de réunions d'*analyse des pratiques* professionnelles est un des outils que nous utilisons dans notre fondation.

Il ne s'agit pas de supervision, mais bien d'une aide à la compréhension ; le but est de donner du sens à l'intervention de l'éducateur, de « calmer le jeu » lorsque cela est nécessaire. Les interrogations sont facilitées par un psychologue extérieur à l'équipe, qui plus est qui ne connaît pas les situations des enfants et des adolescents, qui n'a même pas de bureau dans l'institution. Bien sûr ces réunions ont lieu hors présence d'un cadre hiérarchique. C'est un lieu où le salarié n'a pas à rendre de compte au directeur. Un lieu où tout doit pouvoir être dit, où le salarié peut parler de ses difficultés, de ses limites, sans avoir peur d'être jugé, où il peut demander de l'aide, solliciter des relais, cela dans son intérêt mais aussi et surtout dans l'intérêt de l'enfant.
Ce qui se dit dans ces réunions, je n'en sais rien. Ce qui s'y travaille, j'en ai une petite idée. Par contre le résultat je le vois : des professionnels beaucoup plus apaisés, des interventions auprès des jeunes beaucoup plus sereines, des décisions mieux comprises.

Au départ réservées aux personnels éducatifs, ces réunions ont été étendues aux maîtresses de maison et aux surveillants de nuit, pour des raisons bien aisées à comprendre : les unes parce qu'elles sont « la permanence de l'objet » ; elles sont présentes le matin au départ du jeune, le soir à son retour, elles font le lien entre les éducateurs du matin et du soir, entre la prise en charge éducative et la gestion matérielle inhérente à chaque unité de vie. Chez nous on les compare souvent à « la mère » que l'on rencontre chez les compagnons. Les autres, car la fonction de surveillant de nuit est sans doute une des plus angoissantes dans une MECS.
En plus de son angoisse, il faut répondre à celles des enfants. Là encore il faut comprendre ce qui se passe.
Ce ne fut pas simple à mettre en place, les débuts ont été difficiles pour tous, il fallait en comprendre le sens. Mais actuellement chacun en a découvert la nécessité. « [...] À quand la loi sur une récupération du temps de parole qui remettrait la parole en travail ? Il ne suffit pas de parler pour dire, on le sait, mais on ne veut rien en savoir [6]. »

6. Patrick Lacoste, *Liberté sur paroles ; actualités freudiennes*, Circé, 1998.

La référence lorsqu'elle est bien intégrée reste également un outil incontournable. Pour cela, en cerner le concept même est essentiel. Être référent c'est se référer, mais aussi mettre en rapport, repérer, renvoyer à l'autorité. En effet l'enfant pris en charge dans une institution évolue entre des systèmes indépendants les uns des autres, bien repérés, certes, mais qui ont ou peuvent avoir leur propre langage, leur propre système de communication : la famille, l'institution elle-même, l'école, les travailleurs sociaux, le juge, etc. Lorsqu'il agit auprès des enfants, chacun de ces systèmes le fait avec ses propres références et selon ses propres modes de communication.

Le référent sera donc celui qui aura pour mission de mettre en relation tous ces systèmes, de faciliter l'intercommunication, au même titre que l'interface va permettre à des systèmes informatiques de communiquer entre eux et donc d'être opérationnels.

Son rôle sera essentiellement fonctionnel. Ce sera l'interlocuteur privilégié qui recueillera et diffusera les informations. Il sera aussi le garant du projet individualisé du jeune, celui qui en assurera la mémoire.

La notion de référence n'est pas synonyme d'exclusivité et d'interdépendance ; elle est une valeur structurante, un repère stable tant pour l'enfant que pour les adultes ou institutions qui concourent à sa prise en charge et à son éducation.

À mon sens, le choix du référent appartient donc à l'équipe éducative.

Mais quel que soit l'outil que l'on peut mettre en place, il ne sert à rien si l'on refuse à l'autre la possibilité de changer ; la plupart des parents auxquels nous avons affaire ont été maltraitants, et l'on a trop souvent du mal à imaginer qu'ils aient pu évoluer.

La perte de valeurs essentielles a inévitablement des répercussions sur notre travail. Qu'aujourd'hui on puisse mettre à la porte une famille qui n'a pas payé son loyer est intolérable. Qu'un incendie se déclare dans un appartement où une famille s'éclaire à la bougie faute de n'avoir pu payer le gaz et l'électricité est inacceptable. Que l'on accuse des parents de ne pas s'occuper de leurs enfants alors qu'ils ont le ventre creux est inadmissible.

Et pourtant le législateur, au travers de la loi rénovant l'action sociale et médico-sociale, affiche sa volonté de clarifier les rapports entre « usagers » et services sociaux. La question du respect est enfin posée. Il est donc temps de mettre en œuvre le droit des usagers. Même et surtout si, comme on le constate, le fossé s'agrandit entre les plus nantis et les plus démunis.

Cependant, pour terminer sur une note positive, je dirais que la question du *respect* devient enfin une préoccupation majeure du dispositif de protection de l'enfance ; auparavant on protégeait l'enfant en le retirant de son milieu familial ; un peu comme on coupe le rameau vivant d'un arbre dépérissant, pour le greffer sur un support sain.
Aujourd'hui on tient plus compte de son histoire, du poids du passé, de l'incontournable loyauté de l'enfant à l'égard de sa famille, qui aiguise de fait les rivalités pour l'aider à se reconstruire.
On prend plus en compte également la parole des parents exprimant un sentiment d'injustice et un ressenti de violence extrême.

D'objets déplacés, ils deviennent des personnes. Et ça, c'est extraordinairement positif ; c'est ce qui leur permet d'avancer dans leur vie et de s'en sortir le moins mal possible. »

Réponse 2 : Texte de Dominique B. [7]

« [...] Ce que j'ai lu ne me semble pas être le reflet de ce que je connais des pratiques actuelles en matière d'aide sociale à l'enfance, même si celles-ci sont loin d'être parfaites et si leurs défaillances, dans certains cas, sont préjudiciables, puisqu'elles touchent au devenir de l'individu, au plus intime de lui-même [...].
Que ces pratiques soient d'actualité, ça ne peut que m'interroger fortement [...] Quand j'entends cela, du coup, j'ai froid dans le dos, les bras m'en tombent : on a encore du boulot dans le secteur ! Mais si un jour on en arrive à de tels excès

7. Dominique Blavet, directeur de l'IDEF (Institut départemental de l'enfance et de la famille) d'Indre-et-Loire.

dans l'institution que je dirige, il faudra me prévenir… Un directeur doit normalement être capable d'avoir une appréhension suffisamment précise de ce qui se passe sur le terrain, dans les différents services, sur ce qui va et sur ce qui ne va pas, et être attentif […].

C'est d'autant plus d'actualité que la loi du 2 janvier 2002, si elle a un sens, consiste à mettre l'usager au cœur de nos pratiques, de notre offre de service, de notre action. Mais si les institutions sont centrées sur elles-mêmes et non pas sur les prestations qu'elles doivent apporter aux usagers, sur le pourquoi elles sont missionnées, c'est totalement incohérent.

Ce que l'on peut dire sur l'évolution du champ de la protection de l'enfance à l'heure actuelle, c'est que de plus en plus, dans 80 % des cas, il y a une évolution très significative des pratiques des magistrats ; les magistrats n'utilisent la mesure de séparation que lorsque le danger de l'enfant dans sa famille est réellement caractérisé : carences éducatives majeures, maltraitances, abus sexuels, psychologiques. Ce qui témoigne de ça, c'est qu'aujourd'hui, lorsqu'un magistrat place un enfant (alors qu'il y a dix ans, il plaçait sur un simple rapport social qui pouvait être assez subjectif, ou tronqué), il n'est pas rare qu'il y ait cinquante pages d'un dossier qui arrive avec l'enfant, car il y a eu une IOE [8], une AEMO, des rapports sociaux, un ensemble de regards croisés et de tentatives de maintien de l'enfant ou des enfants au domicile de leurs parents. Si le magistrat place, c'est qu'il y a un certificat médical qui dit que l'enfant a été maltraité, ou des observations de l'école qui signale des traces physiques, ou bien des observations convergentes sur des carences éducatives graves, liées à la psychopathologie des parents, à l'alcoolisme, à des conduites de toxicomanie, à de l'errance ou autre… ce qui fait que ces enfants sont extrêmement en difficulté et insécurisés.

Il est vrai qu'aujourd'hui, sur la psychopathologie des enfants, d'une part, et des familles, d'autre part, on est vraiment dans des motifs, stricto sensu, de protection de l'enfance, on n'est pas sur un jugement moral, on ne place pas un enfant pour la raison de conditions matérielles difficiles (loi Aubry), en tout cas, à l'heure actuelle, ce n'est pas le cas,

8. IOE : investigation et orientation éducative.

pour la bonne raison que ça n'est pas dans la philosophie des juges, dans l'idéologie de la magistrature, dont les pratiques ont nettement évolué vers le contradictoire, la présence d'avocats, pour défendre l'intérêt d'une famille et de l'enfant. Et du côté de l'ASE, on n'est pas non plus dans ce travail-là, dans cette optique-là, indépendamment d'un contexte idéologique dans lequel on reste sensibilisé à la famille, aux parents. En effet, à chaque fois que l'on peut aider au maintien de l'enfant au sein de sa famille par des moyens matériels, on le fait, car, indépendamment des enjeux humains, c'est une économie sur le plan purement budgétaire par rapport à ce que coûte un placement d'enfant.
Il y a des logiques aussi bien idéologiques qu'économiques et financières qui font qu'à l'heure actuelle, il n'y a, me semble-t-il, placement d'enfant ou tout du moins accueil à l'IDEF [9], que sur des motifs qui justifient pleinement la mise à distance et la protection. Le rôle de l'IDEF, comme d'autres établissements, est de voir si on ne peut pas résoudre les problèmes pour permettre le retour de l'enfant auprès de ses parents, dans sa famille. S'il apparaît que véritablement il n'y a pas matière à maintenir le placement, les juges convoquent les mineurs et les parents, et les décisions de restitution se font très rapidement. On n'est plus sur des histoires de vie d'enfants placés sur un motif au sujet duquel on s'interroge encore aujourd'hui, enfants qui feront carrière à l'Aide sociale à l'enfance…
En Indre-et-Loire, il y a une baisse très significative des enfants confiés à l'Aide sociale à l'enfance. Ce qui est assez remarquable, c'est que depuis une dizaine d'années, le nombre d'enfants placés a baissé de 30 à 40 %, et, si on met cela en parallèle avec d'autres départements où le nombre a continué à augmenter, on voit qu'il y a un effort important qui a été fait dans le sens d'un maintien ou d'un retour des enfants dans la famille.
Par contre, s'il reste un nombre important d'enfants placés, ils le sont, le plus souvent, pour des séjours qui durent moins longtemps que par le passé, car il y a restitution. Il y a une activité du service qui fait qu'il y a un nombre d'enfants placés qui est bien moindre. Mais si le nombre de placements

9. IDEF : Institut départemental de l'enfance et de la famille.

est le même, la population se renouvelle parce qu'il y a des mainlevées, les enfants retournent chez leurs parents, parfois ça se passe bien, parfois il y a, à nouveau, un placement.
Le paradoxe est que, si l'Aide sociale à l'enfance a moins d'enfants placés en nombre, elle a un travail aussi important car il y a le fait qu'à chaque fois on reprend des situations différentes où tout est à faire ; et la durée moyenne d'un séjour, au sein de l'ASE, à l'heure actuelle est de deux à trois ans maximum. Chez nous, ça peut être trois à six mois, dans d'autres endroits ça peut être plus longtemps, selon les situations.
De six ou sept ans en moyenne autrefois, on est passé à des durées de séjours moins longues (en moyenne). D'une manière ou d'une autre il y a une solution de retour dans un mode de vie familial, chez les parents, des grands-parents ou des collatéraux. À l'heure actuelle, les juges et les services sociaux recherchent toutes les solidarités familiales auxquelles ils peuvent faire appel avant de passer par une solution de placement dans un service de protection de l'enfance. Je crois qu'aujourd'hui, en tout cas dans notre département, avant qu'il y ait placement, on essaie de voir si on ne peut pas trouver d'autres solutions.
Mais il ne faut pas oublier qu'il y a aussi des situations qui nous arrivent dans lesquelles les parents sont très destructurés, donc nocifs, et donc il faut en protéger les enfants ; c'est ce que nous dit Berger dans son livre. [...]
La situation de Cathy, à ma connaissance, me semble inimaginable dans notre département. [...] Mais il est vrai que la question que ce récit soulève, tout comme pour la situation de Marie, est celle de la prise de risque dans le travail social. Comment on travaille ? Quels risques on accepte de prendre ou pas ? [...]
Je considère comme très grave le fait de ne pas être attentif aux personnes, parents ou enfants, et d'être dérangés par ceux qui le sont ; c'est insupportable, inacceptable, ça me révolte. En tant que responsable d'une institution, j'y suis particulièrement attentif. [...]
Nous avons des situations dans lesquelles nous arrivons à avoir un type d'approche constructive avec les parents, qui parfois engagent une thérapie avec des psychologues de l'institut et qui la continuent une fois que l'enfant est retourné chez eux et leur a été restitué. On fait cela depuis des années

avec un nombre important et significatif de familles avec lesquelles on est allés plus loin qu'une simple observation de la qualité du droit de visite et d'hébergement, des gens qui se sont engagés dans un véritable travail thérapeutique pour eux-mêmes, prenant appui sur le placement de leur enfant, ce qui leur a permis ensuite de se repositionner, et de reprendre leur place de parents. On ne fait pas cela à chaque fois, mais ce n'est pas rare. [...]
On peut être face à des situations où, dans leur vie d'adulte, les personnes ont eu des problèmes particuliers, passagers, et pour lesquelles on peut être dans une fonction d'aide et d'accompagnement.
On doit pouvoir offrir aux parents une écoute et une possibilité de travailler sur leurs difficultés sans qu'ils aient à culpabiliser, ni à être stigmatisés et enfermés dans une image de mauvais parents. [...]
Pour y arriver, les professionnels ont besoin de lieux de parole, c'est indispensable. Au sein de l'établissement, chaque service a un dispositif d'analyse de la pratique, c'est-à-dire une instance d'échange, de communication, de réflexion, où la direction est absente, ce qui permet une parole libre aux professionnels pour s'interroger sur leur manière d'agir, sur leurs limites, leur usure, les résonances... Tout doit pouvoir être abordé, même la question de la peur. Ici, cette année, nous avons eu près d'une vingtaine de plaintes déposées par des professionnels pour des agressions physiques dont ils ont été victimes de la part des adolescents. On a traversé une année difficile, on revit une période de calme actuellement, heureusement.
Les dispositifs d'analyse de la pratique peuvent servir à travailler cela, car, indépendamment de ce seul point, le travail d'équipe avec le chef de service et le psy du service ou de l'unité permet de parler des difficultés qu'on rencontre avec tel ou tel jeune. Mais énoncer la peur, en tant que telle, c'est assez difficile, et on peut prendre des voies détournées pour témoigner de son insécurité. Il est vrai qu'il est difficile, d'emblée, pour quelqu'un de dire, dans une équipe, qu'il a peur ; mais les éducateurs se le disent sûrement entre eux ; et quand il y a une équipe qui marche bien, qui tient, ils y arrivent et c'est ce qui permet que se développe la solidarité.

Les actes de violence sont plus fréquents actuellement, c'est sûr, et les professionnels sont souvent confrontés à des situations imprévisibles. À l'heure actuelle un grand nombre d'enfants qui nous arrivent ne supportent pas du tout la frustration ; ce sont des gamins avec lesquels les parents ne peuvent pas, ne savent pas dire « non ». Il y a des mères qui ont peur de leur enfant, et tellement peur qu'elles leur disent oui à tout ; alors, certains explosent à la moindre demande de l'éducateur, telle celle, toute simple, d'aller se coucher, parce que il est l'heure de se coucher. [...]
Les groupes d'analyse de la pratique sont onéreux pour l'établissement, mais c'est réellement nécessaire, et je suis étonné que ça disparaisse dans certains lieux, et qu'on les fasse supprimer pour le motif des 35 heures. C'est surprenant et ce n'est pas la perception que j'ai de ce qui se passe dans les institutions.
Lorsque les éducateurs, les jeunes éducateurs qui démarrent, se trouvent confrontés à des situations où il ne s'agit plus d'écouter, de dialoguer, mais de faire, eh bien c'est très difficile, car on est là pour poser des actes éducatifs, être contenant, structurant. L'éducateur doit aller au charbon, il n'est pas tout de suite dans la réparation de l'acte de frustration ou d'interdit, ou dans les explications à outrance. C'est cela qu'il faut travailler dans les centres de formation. Les jeunes éducateurs n'ont pas à prendre modèle sur les pratiques qu'ils constatent et qui les choquent. [...]

Dans le respect de la loi de 2002 – bien qu'on ne l'ait pas attendue pour le faire, comme en témoigne le décret qui vient de sortir sur le contrat de séjour –, on arrive à agir tout en laissant le sujet au centre de l'intervention. Il y a des pratiques assez remarquables dans certains établissements, comme le recueil de l'avis des usagers, même handicapés, et de l'avis des parents.
Si les institutions respectaient l'ensemble des dispositions réglementaires, il me semble que la place de l'enfant et la place de la famille seraent différentes.
Il y a des questions à se poser ; par exemple, doit-on tutoyer ou vouvoyer les adolescents ? C'est une façon de se repositionner en tant qu'adultes vis-à-vis du jeune et de le respecter dans son intégrité, car il faut éviter les familiarités, mais

il y en a bien d'autres, telle celle de réfléchir sur la manière dont on va travailler sur l'histoire du jeune et de sa famille. [...]

Il est nécessaire de mettre du tiers en mettant en place des dispositifs, des instances de soutien au travail professionnel. Dans une institution comme l'IDEF, dans laquelle on est en situation de suppléance familiale, les parents sont mis à distance et les éducateurs peuvent être pris dans des réactions émotionnelles, des affects. Mettre du tiers, c'est leur permettre de prendre de la distance et de resituer ce qui se passe dans un contexte professionnel et non personnel.
Il est vrai que les professionnels ont besoin de voir plus clair en eux et de faire le tri pour trouver la distance nécessaire. C'est un travail que les futurs professionnels doivent faire en formation initiale. »

« Ces personnes intériorisent la nécessité de garder leurs lésions en elles. Moins elles peuvent exprimer leurs maux, plus elles se délabrent ; plus elles sont délabrées, plus elles se dépriment ; plus elles sont dépressives, plus elles deviennent victimes.
[...] Ces exclus se sentaient littéralement invisibles dans la société qui n'avait pas d'yeux compatissants pour les regarder.
[...] L'exclusion commence par celle du regard. Quand on est invisible, quand on n'existe pas aux yeux d'autrui, on cesse d'exister à ses propres yeux et on perd la représentation symbolique de son corps.
[...] L'exclusion, comme la déchéance des représentations symboliques du monde et de l'Autre, est la perte de la faculté de se projeter dans le temps. Un exclu est selon moi une victime, au sens où il n'a plus son libre arbitre ni la capacité à prendre en main sa destinée. »

Xavier Emmanuelli
L'homme en état d'urgence,
Paris, Hachette, 2005.

11

Se laisser guider par la parole du sujet

« L'interlocuteur est considéré
en tant que personne capable d'effectuer un retour réflexif
sur son histoire afin de lui donner du sens
et de prendre des décisions
quant à l'orientation de son existence [1]. »

L'intervention éducative ou sociale auprès d'une personne en difficulté peut difficilement contourner la reconnaissance de son vécu, de son identité, de ses valeurs, de son histoire singulière et unique, et ne peut se fixer essentiellement sur l'assimilation des normes sociales et l'adaptation à celles-ci. L'intervention éducative vise non pas une recherche d'ordre à tout prix, mais la compréhension du désordre de la vie du sujet.

Je pars de l'idée que c'est le sujet qui nous apprend qui il est et ce qu'il attend du travailleur social ; ce qui implique une posture d'écoute attentive et respectueuse de la parole de ce sujet qui est celui qui « sait » ce qui le concerne, et qui possède

1. A. Lainé, *Faire de sa vie une histoire*, Paris, Desclée de Brouwer, 1998.

en lui les réponses à ses questions existentielles. C'est lui le meilleur guide vers la connaissance que nous pourrons avoir de lui-même, vers la compréhension de sa situation singulière. Il suffit d'accepter de se laisser guider.

Cependant tout sujet a besoin d'être parfois accompagné dans sa quête de sens, mais encore faut-il avoir écouté et entendu ce qu'il a à dire et besoin de dire sur son parcours de vie. C'est dans ce sens que Pourtois et Desmet soulignent que :

> « Le comportement humain ne peut se comprendre et s'expliquer qu'en relation avec les significations que les personnes donnent aux choses et à leurs actions. La réalité des gens est étudiée de l'intérieur, à partir de ce que les personnes perçoivent au travers de leurs expériences vécues [2]. »

Le récit de vie [3] semble être un dispositif complémentaire à l'action éducative dans l'accompagnement des personnes en difficulté, car il permet aux « exclus de la parole » de s'exprimer et d'être entendus, cela en racontant et en donnant leur version de l'expérience qu'ils ont vécue, car « il y a du récit de vie dès qu'il y a description sous forme narrative d'un fragment de l'expérience vécue [...] vers la reconstitution d'enchaînements, d'événements, de situations, d'interactions et d'actions[4] ».

C'est ce que nous montrent les récits de Cathy et Marie. Publier ces récits presque dans leur intégralité est un choix et a une fonction de communication, car ces récits sont considérés comme des illustrations, des exemples.

Ils témoignent et étudient un monde social, constitué par des services sociaux et une partie de la population qu'ils accompagnent, des enfants placés et leurs parents dont les récits décrivent « de l'intérieur » leur rapport à ce monde, et dont la situation sociale présente des points communs. Le recours aux récits de vie « permet de saisir par quels mécanismes et processus des sujets en sont venus à se retrouver dans une situation donnée, et

---

2. J.-P. Pourtois, H. Desmet, *Épistémologie et instrumentation en sciences humaines*, Liège-Bruxelles, Mardaga, 1988.
3. Je m'appuie sur la définition qu'en donne Daniel Bertaux : « [...] Le récit de vie constitue une description approchée de l'histoire réellement (objectivement et subjectivement) vécue. [...] Il est structuré autour d'une succession temporelle d'événements et de situations qui en résultent... »
4. D. Bertaux, *Les récits de vie*, Paris, Éd. Nathan Université, coll. « 128 », 1997.

comment ils s'efforcent de gérer cette situation », précise D. Bertaux.

Je pars d'une « présomption de compétences [5] » chez l'enfant et ses parents, et d'une confiance dans leurs capacités à produire leur récit d'expérience du placement, tant pour l'enfant placé que pour les parents dont l'enfant est placé.

Ces récits permettent de cerner le sens donné par les acteurs au déroulement de leur vie, la façon dont ils ont vécu la séparation, et d'accéder aux rapports qu'ils entretiennent avec leurs conditions concrètes d'existence, avec le monde dans lequel ils vivent et ont vécu, afin de se dégager du poids que fut pour eux cet événement-séparation pour envisager un avenir plus serein.

Ces récits offrent à des enfants et à des parents, souvent enfermés dans des représentations que les intervenants ont d'eux, la possibilité de s'exprimer afin de dire qui ils sont et comment ils ont vécu la situation de placement. C'est ainsi que certaines représentations négatives à leur égard et humiliantes pour eux pourront peut-être tomber et se transformer.

C'est aussi leur permettre de dire tout haut ce qu'ils ont toujours dû ravaler ou étouffer, et c'est leur donner la possibilité de dénoncer certains préjugés, certaines pratiques dites « sociales ou éducatives » qui, au lieu de les soulager de leurs difficultés, produisent du rejet et renforcent parfois l'exclusion en développant chez eux une identité négative.

Delens-Ravier a pu observer que, par l'intermédiaire de leurs récits, les parents « subliment en quelque sorte leur histoire pour la transformer en reportage destiné à dénoncer l'incompétence et l'incurie des professionnels de l'aide sociale et judiciaire. La mise sur la place publique de l'injustice subie devient un témoignage utile à d'autres parents.

« Se positionner comme détenteur d'un message est une façon de marquer le refus de s'identifier à l'étiquette de parents inadéquats... C'est une possibilité de témoigner de leur expérience injuste ou injustifiée afin de lui donner une utilité sociale et de marquer la distance sociale ou culturelle par rapports aux agents institutionnels ».

Cependant, je suis parfois atterrée par certaines réactions de professionnels du secteur social qui supportent mal d'entendre la

5. Expression empruntée à Hervé Lafargue dans *Intimité et collectivité*, mémoire de DEA, université de Rennes, 2001.

version des exclus, la parole de ceux qu'ils accompagnent, tant elle risque de toucher à leur image, à leur profession, et de les atteindre personnellement, car, bien sûr, cette version met au jour certains dysfonctionnements dans les pratiques sociales, mais aussi la part d'ombre qui est en chacun d'entre nous.

Comme le souligne, si justement, Eugène Enriquez : « Les individus ont toujours peur de la parole libre, parce qu'ils craignent que ce soit une parole folle. Il est vrai que la parole libre a toujours quelque chose d'un peu fou dans la mesure où elle est dérangeante, pour les autres comme pour soi. Elle fait surgir la "chose" inattendue, incongrue, et cela peut être bouleversant [6]... »

Personne n'ignore que le travail social est complexe, difficile, parfois déroutant, et que certaines conditions de travail ne facilitent pas la tâche des professionnels.

Écrire, réfléchir sur les conditions de travail des travailleurs sociaux ou sur les métiers du social, est accepté, reconnu et encouragé.

Mais donner la parole aux exclus, aux « clients » des services sociaux dérange, voire agresse, un certain nombre de professionnels. Cette parole exprime parfois ce qui ne doit pas être dit, ce que l'on a du mal à entendre et à voir, ce que l'on ne veut pas entendre, ce qui nous conduirait à revoir nos pratiques. On ne peut cependant oublier que le travail social concerne des êtres humains, et s'adresse à des êtres humains !

Ce que renvoient ces témoignages semble tellement insupportable que parfois on a essayé de me faire taire, alors que je ne suis que la messagère de personnes sur lesquelles pèse encore un interdit de parole, ce que je n'ai pu que vérifier à travers ce travail et lorsque je le partage en public et que je me trouve face aux réactions qu'il peut parfois provoquer.

La plainte du professionnel a toute sa place dans le discours des travailleurs sociaux, et prend d'ailleurs beaucoup de place, mais la plainte des « clients du social », des « exclus », est souvent rejetée et agace ; elle est insupportable et dérangeante.

Seule, trop souvent, une parole « conventionnelle », c'est-à-dire celle qui convient et que nous acceptons d'entendre, semble autorisée et acceptable, parce que « supportable », alors que « les

6. E. Enriquez, C. Haroche, *La face obscure des démocraties modernes*, *op. cit.*

liens sociaux verticaux sont supposés lier entre eux des individus étrangers les uns aux autres, par l'échange [7]... ».

Étranger, étrange, étrangeté... en effet, nous touchons quelque chose de l'ordre de l'altérité, de la question de l'autre en tant que semblable et différent.

Étrangers, oui, dans le sens où ce que ces familles ont vécu est souvent très éloigné de ce que certains d'entre nous ont vécu ou vivent au quotidien et que nous devons tenter de comprendre, mais « semblables » en tant qu'êtres humains, appartenant à l'espèce humaine, comme chacun d'entre nous. Ce que certaines personnes nous renvoient nous touche et peut faire écho à notre manière d'être dans une même situation, face aux mêmes événements, en tant qu'enfant que nous avons été, adulte, parent... Comment aurions-nous réagi dans une même situation ? Nous en serions-nous mieux sortis ?

Leur situation est singulière mais peu acceptable sur un plan humain, car bien souvent ces familles se vivent comme différentes et mises au ban de la société.

Il est certainement plus confortable de ne rien en savoir : ne rien voir, ne rien entendre, ne rien dire...

Peut-être que, parfois, il est préférable de ne pas trop en savoir pour garder le pouvoir, car, comme l'énonçait Tomkiewicz, très peu de savoir peut permettre de s'octroyer un très grand pouvoir, et ainsi que le souligne S. Karscz : « À partir du moment où je sais, pourrai-je continuer à faire la même chose qu'auparavant, de la même manière, avec les mêmes gens, avec les mêmes buts [8] ? »

Isabelle Delens-Ravier [9] développe l'idée d'une éthique de l'intervention qui s'appuie sur une éthique du partenariat. Éthique qui croit aux compétences des « parents-clients » des services sociaux, ce qui la conduit à dire que :

> « Devenir partenaire implique d'arriver à quitter le terrain de la lutte de pouvoir entre les professionnels qui croient devoir garder leur savoir pour eux afin de conserver leur pouvoir, et les parents qui ont l'impression que pour garder la maîtrise

7. E. Enriquez, C. Haroche, *ibid.*

8. S. Karscz, « Peut-on définir le travail social ? », *Pratiques sociales*, 1996, p. 1095.

9. Isabelle Delens-Ravier, « Parents en quête d'une place », dans *Séparation précoce : rapt, échec ou soin ?*, Toulouse, érès, 2003, p. 75 à 99.

de leur vie familiale ils doivent se méfier et tenir les professionnels à distance. »

C'est bien par le « témoignage de l'intérieur », celui qui vient des personnes concernées, que nous pouvons le mieux accéder à cette réalité qui est la leur, car ce sont elles et seulement elles qui peuvent nous apprendre qui elles sont et comment faire avec elles ; cela pour les accompagner au plus près de leurs besoins, sans ajouter de la violence à leur situation, sans « charger » encore plus leur situation déjà bien complexe.

Nous avons tendance parfois à compliquer ce qui n'est que complexe par des interprétations rapides ou intellectuelles que nous sommes tentés de faire.

> « Les difficultés de la famille sont alors relues à travers le prisme des intervenants qui déplacent vers le champ socio-éducatif des problèmes que les parents identifient comme des problèmes matériels, de santé, de logement, d'argent…
> La réponse sociale en termes de placement se caractérise par l'absence de rencontre de la demande d'aide concrète du ou des parents et son déplacement du champ socio-économique vers le champ psycho-éducatif.
> La décision sociale de placement se présente alors comme une disqualification et une négation de la définition du problème par les parents qui s'entendent dire par les intervenants qu'ils (eux, les parents) ne savent pas vraiment ce qui ne va pas et que les professionnels ont une meilleure analyse de la situation et savent ce qui sera bon pour eux [10]… »

Récemment, lors d'une conférence, un participant me disait que Marie ou Cathy n'étaient pas représentatives des personnes et des familles qu'il rencontrait ; en effet, il considérait que ces dernières n'avaient pas un niveau intellectuel tel que celui de Marie ou de Cathy et n'étaient donc pas capables de faire un tel récit et une analyse de leur parcours et de leur situation.

Si l'on part avec une telle conviction et une représentation aussi négative des capacités de la personne, comment celle-ci peut-elle s'autoriser à s'exprimer et à se sentir compétente même pour ce qui concerne sa propre vie ? Xavier Emmanuelli nous a rappelé l'importance du regard de l'autre, celui qui peut anesthésier, invalider parce qu'il est négatif, tout comme l'absence de

10. M. Titran et T. Potekov, *op. cit.*

regard peut rendre invisible et indigne celui qui ne se sent pas considéré comme valable.

Marie n'a pas pu aller à l'école, comme le souligne sa fille, elle a vécu la galère, la solitude et l'angoisse du lendemain quand on n'a que le RMI pour vivre. En quoi diffère-t-elle des personnes rencontrées par les services sociaux ?

Elle a certainement eu la chance de rencontrer une professionnelle qui lui a permis de retrouver sa dignité et sa place de mère, qui l'a écoutée et reconnue compétente pour prendre en main sa vie de mère, de femme et de citoyenne, et qui a su se maintenir à sa place d'accompagnatrice à certains moments et de guide à d'autres. Voilà où, selon moi, se situe la différence.

Nous touchons là le centre du problème que Cathy et Marie ont si bien énoncé, celui de la considération de l'autre (demandeur d'aide ou la subissant), en tant qu'objet ou sujet de l'intervention. C'est en effet le regard porté sur la personne à accompagner qui orientera la posture de l'accompagnateur. Ce n'est donc pas rien…

Des objets de l'intervention

> « … Il suffisait de formuler une accusation pour la prouver. D'entendre une allégation pour la croire. L'auteur du forfait n'avait pas besoin de mobile, au diable la logique, le raisonnement. Il suffisait d'une étiquette. L'étiquette tenait lieu de mobile. Elle tenait lieu de preuve. Elle tenait lieu de logique [11]… »

Au cours de mes diverses lectures, j'ai réalisé à quel point les familles suivies par les services sociaux pouvaient être très rapidement stigmatisées par ce que leur renvoie leur situation particulière et par la manière dont elles sont nommées.

En effet, on présente *les caractéristiques des familles,* qu'on définit en les mettant dans des catégories : *famille à problèmes multiples, famille défaillante, famille désorganisée, famille à risques, famille incohérente, famille inadéquate, famille inadaptée …*

Il faut, à tout prix, les situer dans une catégorie, les étiqueter, et si certaines n'entrent, d'emblée, dans aucune grille, on leur trouve quand même des carences et des manques suffisants pour

11. P. Roth, *La tache,* Folio, p. 390.

les caser dans l'une ou l'autre des catégories existantes, car, comme me le disait naïvement une jeune professionnelle en formation : « S'ils sont arrivés ici, c'est bien qu'ils ont des problèmes quand même, et le bon professionnel est celui qui va à la quête d'un maximum d'informations pour trouver le ou les problèmes, même si on pense parfois que ce n'est pas si grave, et que seul un petit coup de pouce aurait été nécessaire, mais on cherche, et on en trouve ! »

Le travailleur social peut, à juste titre, se sentir missionné pour donner du sens à ce qu'il vit et pour produire un savoir sur ce qu'il voit, mais, comme le constate X. Bouchereau, éducateur spécialisé :

> « ... l'éducateur interprète le moindre fait, classe, ordonne, qualifie, range. Comme pour mieux se rassurer, il scrute ce qui pourrait être le signe d'une défaillance chez le parent. Il cherche l'élément susceptible de venir entériner ses propres préjugés sur l'éducation. Or cet ethnocentrisme de classe épingle le sujet à sa souffrance, l'enferme dans des analyses monolithiques qui le désignent comme l'unique responsable de son malheur [12]. »

Une jeune stagiaire travaillant dans une maison d'enfants se montre découragée par ce qu'elle observe et entend parfois au sujet de jeunes qui n'ont plus lieu de rester dans l'institution et qui devraient retourner vivre sans risques dans leur famille.

À ses questions, à ses réactions, on lui a clairement dit « qu'on avait besoin de tous les prix de journée » ! et que ses questions dérangeaient au point que sa présence n'était plus souhaitée aux réunions.

Je ne peux m'empêcher de citer encore une situation, qui m'a été rapportée il y a quelques jours seulement. Dans une structure d'accueil pour personnes confrontées à de grandes difficultés sociales, certains professionnels les reçoivent dans un bureau avec la porte ouverte sur la salle d'attente pleine à craquer, parce que, leur dit-on, la porte ferme mal, et cela malgré la gêne exprimée par les « clients » à qui on demande de raconter leur vie ; ou

12. X. Bouchereau, dans *ASH, Actualités sociales hebdomadaires*, 3-10-2003, n° 2327, p. 31-32.

bien, en fumant une cigarette alors que la jeune femme accueillie dans ce bureau est enceinte, ou en continuant à boire son café.

Ce sont, bien sûr, des situations particulières qu'on ne peut généraliser, mais doit-on les taire ? N'y en aurait-il qu'une seule, nous ne pouvons l'accepter. L'éducatrice présente fut très choquée par ce qu'elle voyait et vivait au quotidien.

Que peuvent manifester des personnes présentes dans ce lieu pour une demande d'aide financière ou autre, au risque d'en être interdites et pénalisées ? Elles ne peuvent que se taire, bien sûr.

Ces personnes en demande d'aide n'ont pas les moyens d'envisager autre chose que de se soumettre à ce qui s'impose à elles. Elles adoptent une position de repli et de soumission, car elles sont dans la crainte de réagir, de s'opposer, au risque de ne pas obtenir ce dont elles ont besoin et qui est, le plus souvent, le minimum vital.

Je pourrais ainsi citer de nombreux exemples de situations actuelles qui enfoncent, enferment et annihilent des êtres humains que les services sociaux ont pourtant pour mission d'accompagner vers une vie meilleure.

Le rapport de pouvoir est totalement inégal, et les personnes « demandeuses » n'ont pas d'autre possibilité que de se soumettre à ce qu'on leur impose, à ce qu'on leur fait subir au quotidien, et qui, parfois, ne fait que s'ajouter aux difficultés qui envahissent leur quotidien et à la violence de leur vie de chaque jour.

Dans ce contexte-là, comme en ont témoigné Cathy et Marie, elles dépendent entièrement du professionnel présent devant elles et des décisions qu'il prendra, avec lesquelles elles seront en accord ou pas, mais qu'elles devront accepter si elles ne veulent pas être exclues des aides que peuvent leur apporter les services sociaux.

Le comble, d'ailleurs, car déjà exclues de la société, ces personnes pourraient se sentir rejetées, et exclues des services d'aide et de protection !

C'est pourtant ce qui arrive parfois aux personnes qui osent se rebeller, se défendre et crier leurs souffrances, car elles dérangent, telles Cathy et Marie.

Xavier Bouchereau, cité ci-dessus, est éducateur spécialisé dans un service d'AEMO judiciaire. Il a écrit un article virulent et courageux qu'il a intitulé « Assistance éducative : le risque d'un "ethnocentrisme" de classe ». Il y met au jour l'exclusivité de l'approche « psychologisante » des interventions éducatives et le manque de prise en compte du contexte socio-économique des familles concernées par les mesures d'assistance éducative. Bouchereau présente ainsi la situation d'une mère de famille qui vit dans des conditions matérielles précaires et dans un quartier très difficile.

> « Une fois encore, cette famille n'échappera pas à l'univocité de notre analyse. Si Mme B. est en difficulté, elle le doit à son histoire et à celle de ses parents. Mais en sommes-nous si certains ? Pourquoi Mme B. ne serait-elle pas, en partie du moins, victime d'un environnement social insécurisant rendant sa position de parent tout simplement intenable ? Car la question est bien là. Une mère "ordinaire" pourrait-elle élever ses enfants dans ces conditions sans que ces derniers soient d'une manière ou d'une autre mis en danger ? Hors sujet, me dira-t-on, Mme B. n'est pas une femme "ordinaire " ! On m'expliquera ensuite que cette personne me touche, que je suis trop impliqué, pas assez neutre. Fin du débat. Fin des états d'âme. Famille suivante…
> En frappant d'un déni collectif l'ampleur de leur misère, en minimisant les incidences du contexte socio-économique sur la "parentalité", nous leur interdisons le droit de se plaindre, de croire à une autre vie. Ailleurs peut-être !
> […] Est-il encore possible, dans notre secteur, de penser que, si les déterminants familiaux existent, le déterminisme familial, quant à lui, n'est pas une fatalité [13] ? »

Il existe des dysfonctionnements de services sociaux nocifs et destructeurs pour les personnes auxquelles ces services s'adressent.

Comme nous l'avons vu, des professionnels peuvent entrer sans respect, sans égard, dans la vie de familles qui n'attendaient que compréhension et soutien, et provoquer non pas la sortie vers une vie meilleure, mais la descente vers une impasse et une aggravation de leur situation.

Il est bien évident que le travailleur social n'est pas le seul responsable de certains dysfonctionnements, il fait partie d'un système institutionnel, d'une équipe.

13. X. Bouchereau, *ibid.*

Cependant, il existe aussi de nombreux travailleurs sociaux porteurs d'une véritable éthique professionnelle, de qualités relationnelles et humaines solides et qui sont d'emblée dans une considération de la personne accompagnée en tant que *sujet de l'intervention*, et non en tant qu'objet.

La personne se vit alors comme digne de respect et capable d'agir sur sa vie, ce qui influencera la manière dont elle s'impliquera dans l'intervention qui les concerne, elle et son enfant.

Les récits de Marie et de Cathy témoignent, aussi et heureusement, de la rencontre avec des professionnels remarquables, ceux qui leur ont permis de s'en sortir, telle Anne qui agit pourtant sans se faire remarquer, mais avec humilité et un bon sens qu'elle sait interroger, et sur lequel elle s'appuie pour construire une méthodologie professionnelle élaborée et réfléchie, mais souple et à l'écoute des besoins et des capacités de chaque individu accompagné.

Il y a ceux qui enfoncent, et il y a ceux qui « sauvent » par la confiance qu'ils ont dans les personnes qu'ils accompagnent et dans leurs capacités à prendre leur vie en main.

« Les récits de ceux qui s'en sont sortis montrent l'influence déterminante d'une personne, ou d'une relation, qui redonne confiance en soi », précise V. de Gaulejac

Pour Anasthasia Blanché, psychanalyste, la première des règles de tout accompagnement d'une personne est de ne pas lui être nuisible, de ne pas être nocif, et que tout ce qu'on fait avec elle doit en permanence viser cet objectif. C'est aussi ce que Winnicott rappelait régulièrement.

DES « SUJETS » DE L'INTERVENTION PAR LE RÉCIT DE LEUR PARCOURS

> « Nous donnons la parole aux détenteurs du "savoir de l'expérience", aux usagers, aux personnes directement concernées par les problématiques, dans des contextes de parole individuelle ou collective [14]. »

Les récits que j'ai recueillis ne sont ni inventés, ni kidnappés ; ils sont le fruit de rencontres humaines passionnantes avec des personnes qui souhaitent faire entendre et partager leur vécu

14. ATD Quart-Monde, *Précieux enfants, précieux parents*, *op. cit.*

difficile pour, comme l'a confié Marie, « peut-être éviter à d'autres de vivre un telle galère ».

Faire le récit de sa trajectoire de vie et l'interroger n'est pas simple pour ceux qui ont eu un parcours chaotique, car remontent à la surface des souvenirs que l'on voudrait parfois oublier, tant ils furent douloureux et perturbants. C'est donc avec un certain courage que me furent confiés les récits que j'ai présentés, mais aussi avec un sens fort de l'engagement dans une lutte personnelle pour que, à partir de leur expérience difficile, d'autres parents en situation de fragilité trouvent un support et un éclairage qui les aident, eux aussi, à sortir de leurs difficultés sans baisser les bras, sans se soumettre, et en refusant tout assujettissement.

> « L'idée de courage, qualité qu'aujourd'hui nous jugeons indispensable au héros, se trouve déjà, en fait, dans le consentement à agir et à s'insérer dans le monde et à commencer une histoire à soi. Et ce courage n'est pas nécessairement, ni même principalement, lié à l'acceptation des conséquences ; il y a déjà du courage, de la hardiesse, à quitter son abri privé et à faire valoir qui l'on est, à se dévoiler, à s'exposer [15]. »

Les parents que j'ai rencontrés sont, pour la plupart, engagés dans des associations ou des actions de soutien à d'autres parents.

Je trouve remarquable cette capacité qu'ils ont eue de passer d'une lutte individuelle à une lutte collective, en prenant appui sur leur expérience personnelle, qui devient ressource et non plus obstacle, qui est force et non faiblesse.

Il est important de préciser que, fort heureusement, beaucoup de parents et d'enfants se sortent des difficultés sociales et familiales qu'ils rencontrent à un moment donné de leur vie, trouvent des solutions pour que leur vie devienne supportable et vivable, et de ne pas oublier qu'une séparation enfant-parents n'est ni irréversible ni définitive, comme certains chiffres pourraient le laisser croire, car se séparer ne signifie pas rompre.

Nombreuses sont les personnes qui ont « touché le fond », qui en sont remontées et qui mènent une vie « réussie » et ordinaire ; mais elles ne peuvent pas toujours témoigner ouvertement

15. H. Arendt, *Condition de l'homme moderne,* Paris, Gallimard, 1972.

de ce qu'elles ont vécu, afin de redonner espoir à ceux qui sont dans la galère, cela par crainte d'être de nouveau stigmatisées, et en cela exclues une seconde fois [16]. Notre société est tellement jugeante et sceptique face à tout ce qui n'est pas dans la norme qu'il vaut mieux cacher son passé s'il n'a pas été linéaire, pour se protéger soi et les siens.

C'est pourquoi nous avons choisi l'anonymat avec Cathy et Marie. Notre souci était de protéger les auteurs des récits des risques de « retours » qui puissent les conduire à regretter de s'être exprimées.

Elles ne cherchaient d'ailleurs pas autre chose que témoigner de ce qu'avait été leur quotidien, à un moment donné de leur vie, quotidien qu'elles souhaitaient faire connaître pour l'épargner à d'autres.

C'est une démarche socialisante d'une parole socialisée, dans laquelle de nombreuses personnes se reconnaîtront, se retrouveront, et que d'autres rejetteront, ne s'y retrouvant pas du tout, ou la trouvant excessive.

Ces personnes n'expriment pas La Vérité, une vérité universelle, mais *leur* vérité, celle de leur parcours d'enfant placé ou de parents d'enfants placés, celle de leur représentation actuelle des faits et des événements qui ont traversé leur existence d'enfant ou de parents.

Cette prise de parole a une visée d'allégement du poids des souffrances de la personne, du rejet, des incompréhensions, de la violence subie et de celle qui est en elle ; révolte provoquée non seulement par la séparation enfant-parents, mais également par le manque de considération, de respect et de reconnaissance de la part de certains services sociaux dont ces parents ont été victimes, et qui a touché leur dignité en tant qu'êtres humains et citoyens.

Que nous apportent ces récits de parents ? Que nous apprennent-ils ? Que nous rappellent-ils ?

Si nous nous appuyons sur les témoignages de Cathy, de Marie ou d'autres parents, nous pouvons constater que ce qui leur a permis de sortir de leur détresse et d'avancer, c'est avant tout la neutralité des professionnels qui leur ont ouvert une porte, tendu une main, les ont acceptés tels qu'ils se présentaient à eux, ont respecté leur rythme, leur ont laissé le temps, du temps

16. Voir le livre de B. Bergier, *Les affranchis*, Paris, Desclée de Brouwer, 1996.

pour accepter ce nouveau travailleur social qui débarquait dans leur vie, un de plus.

Malgré des premiers contacts difficiles – Marie refuse plusieurs fois d'ouvrir sa porte à Anne, l'assistante sociale, et Cathy se montre peu motivée, peu participante lors des rencontres avec sa fille dans un parc, en compagnie de son éducatrice –, ces deux professionnelles n'ont pas abandonné, et surtout se sont montrées patientes, très patientes, nous dit Cathy.

C'est ce temps d'adaptation, d'acceptation mutuelle, qui est indispensable au début d'un accompagnement ; temps où chacun fait connaissance avec l'autre, temps d'apprivoisement, temps nécessaire pour que la personne accompagnée arrive à intégrer le sens de l'intervention sociale ou éducative et les attentes du travailleur social à son égard, temps nécessaire au travailleur social pour cerner la situation et les besoins de la personne.

On voit bien que c'est seulement à la suite de cette étape que la personne accompagnée commencera à s'exprimer, à exprimer sa souffrance, ses difficultés et ses souhaits. C'est la confiance en l'autre et sa considération en tant qu'interlocuteur crédible qui permettent qu'une relation s'installe. Cela se fait dans la réciprocité, tant de l'accompagnant vis-à-vis de l'accompagné que de l'accompagné vis-à-vis de l'accompagnant.

Les différents acteurs peuvent alors commencer à agir, comprenant mieux les enjeux de l'intervention qui leur est imposée. C'est ainsi que Cathy et Marie ont guidé et éclairé les travailleurs sociaux sur ce qui était important pour elles : retrouver son enfant pour l'une, et ne pas perdre le sien pour l'autre. Elles ont donné des pistes qui ont été respectées par ces professionnelles, mais elles ont aussi accepté de se laisser guider par Anne, pour Marie, et par l'éducatrice d'AEMO, pour Cathy, pour ce qui les dépassait parfois ou était trop difficile à assumer seule.

Chacune est partenaire de l'autre, chacune apprend de l'autre, dans la réciprocité. L'éducatrice de Cathy prend le temps de l'observer lorsqu'elle est avec sa fille, ne lui cache pas mais partage avec elle ce qu'elle a observé ; Cathy, la rebelle, accepte les retours que l'éducatrice lui fait et essaie d'en tenir compte, ça la met au travail pour elle et pour sa fille, ça la stimule car elle se retrouve face à sa réalité, une réalité qui ne lui convient pas lorsqu'elle la découvre, et qu'elle décide de changer.

Anne est très claire et ne prend pas de gants lorsqu'elle présente à Marie la manière dont elle perçoit sa situation, sa détresse et ses difficultés ; cependant, Marie accepte cette version de l'AS, parce qu'elle rejoint la sienne, mais surtout parce qu'Anne n'émet aucun jugement de valeur, et s'appuie sur les aptitudes maternelles de Marie, aptitudes qu'elle a très vite identifiées.

Cathy et Marie ont toutes les deux exprimé que le fait d'être d'emblée écoutées, et surtout crues, a été déterminant dans la confiance qui a pu s'installer entre elles et la travailleuse sociale qui les accompagnait.

> « Pour vivre, il faut avoir été regardé au moins une fois, avoir été aimé au moins une fois, avoir été porté au moins une fois. Et après, quand cette chose-là a été donnée, vous pouvez être seul. […] Ce qui a été donné, vraiment donné, une fois l'a été pour toujours. À ce moment-là, vous pouvez aller vers la solitude comme une hirondelle peut aller vers le plein ciel [17]. »

17. C. Bobin, *La grâce et la solitude,* Paris, Éditions Le Fennec, 1996.

12

Les parents face à l'intervention sociale. Quel accompagnement ?

« L'intervention est évaluée positivement tant qu'elle n'est pas stigmatisante. Elle le devient dès lors qu'il y a placement. Le placement, c'est la disqualification. Ce qui est évalué négativement c'est de ne pas être reconnu dans son rôle de parent… La décision de placement équivaut à l'assignation d'une identité de parent inadéquat [1]. »

Isabelle Delens-Ravier, dans un ouvrage passionnant [2], a donné la parole aux familles. L'analyse qu'elle fait des interviews de parents la conduit à une conclusion qui remet fortement en question les pratiques d'accompagnement de ces familles. En effet, quelles que soient la position sociale et l'histoire des parents, l'aide apportée à travers la mesure de placement est vécue comme la stigmatisation d'une défaillance parentale et comme une non-reconnaissance de leur place de parents. Pour la

---

1. I. Delens-Ravier, *Le placement d'enfants et les familles*, *op. cit.*
2. *Ibid.*

majorité de ces parents, le placement des enfants est une souffrance non reconnue comme telle.

Cet auteur a retrouvé chez de nombreux parents des réactions communes face à la décision de placement de leur enfant. J'en ai retenu quelques-unes qui me semblent significatives et en consonance avec ce que révèlent les récits de Cathy, de Marie et d'Yvon :
– ils ont l'impression d'être écrasés, broyés ;
– ils ressentent un déni de leurs compétences ;
– ils se trouvent exclus du processus de décision concernant leur enfant ;
– ils pensent que leur parole est systématiquement mise en cause, et n'est pas considérée comme valide, ni digne de considération ;
– ils se sentent jugés négativement dès le départ et considérés comme quantité négligeable ;
– ils perdent leur place dans l'éducation de leur enfant et, se sentant dépossédés d'eux, ils se pensent condamnés à s'effacer, incapables de retrouver un rôle dans l'éducation de leur enfant ; ils se sentent alors rejetés et inutiles : « Dépossédés de leurs enfants, ils ont l'impression que les intervenants profitent de leur faiblesse culturelle pour garder la maîtrise sur l'avenir des enfants. » ;
– ils se sentent incompris et mis en dehors de tout ce qui se passe ;
– ils sont seuls face au « chaos » proposé par les « autres [3] »...

Quel accompagnement proposer aux parents ?

À la suite de cette synthèse fort bien construite par Delens-Ravier, nous pouvons nous demander de quelle manière accompagner les parents dont l'enfant est placé, afin que chacun puisse conserver ou retrouver sa dignité et la place qui est la sienne.

> « ... Les pratiques d'accompagnement ont un “air de famille”. Souvent, il s'agit d'emboîter le pas à quelqu'un, de partager son chemin, de l'épauler juste pour un temps. Souvent, l'accompagnateur est un “intermédiaire” ; il réintroduit de la distance, permet à celui qui avance de regarder

3. I. Delens-Ravier, *ibid.*

> et à celui qui peine de se reprendre ; il réintroduit du lien aussi, oriente vers d'autres, aide à renouer le fil du temps. Enfin, l'accompagnement ne prend jamais le pouvoir, il ne se substitue pas, il ne déresponsabilise pas. C'est à peu près tout ce qui justifie l'usage d'un terme unique et trop général sans doute [4]. »

En 2000, lors d'une conférence à Joliette, au Québec, sur le thème « L'éducateur et le partenariat », deux professionnels ont présenté une expérience originale, « La Croisière », qui est un groupe de support éducatif aux parents dont l'enfant, placé en centre de réadaptation, continue à bénéficier de contacts réguliers avec sa famille. Cette présentation fut enrichie par le témoignage d'un père dont les paroles m'ont beaucoup touchée.

En effet, je pensais que c'étaient de telles paroles que chacun des jeunes que j'avais rencontrés aurait souhaité entendre de ses propres parents pour mieux comprendre le fait qu'il était placé et ce qui avait produit ce placement, ce qui avait conduit ses parents à accepter ou à souhaiter son placement, et comment ses parents avaient pu vivre cet événement.

J'ai rencontré Yvon plusieurs fois, puis nous avons échangé par courrier et par téléphone.

Son récit me semble être une illustration intéressante de ce que peuvent apporter des groupes de parents à un père ou à une mère en plein désarroi, démunis et seuls face aux difficultés familiales et aux problèmes de leur enfant. Ce récit peut éclairer certaines pratiques éducatives d'accompagnement de parents d'enfants placés.

> « Les travailleurs sociaux devront se mettre du côté des parents et des enfants pour voir avec leurs yeux les obstacles auxquels ils sont confrontés et, ainsi, trouver avec eux les moyens de franchissement [...]pour qu'ils puissent [...] se faire entendre, se faire comprendre, faire valoir leurs points de vue, porter leur expérience de la sphère privée à la sphère publique. Les rapports d'autorité ou de domination qui existent trop souvent entre assistants et assistés ont été remplacés par des relations empreintes d'égalité, de respect [...]

4. M. Moreau, dans l'éditorial de *L'Éducation permanente*, sept. 2002.

pour rendre les plus faibles capables un jour d'utiliser eux-mêmes leurs droits [5]. »

Les groupes de parents

Le récit d'Yvon

« Je te fais enfin parvenir mon témoignage, je ne t'avais pas oubliée mais j'attendais que ça monte en moi pour te l'écrire ; à chaque fois que j'en parle, beaucoup d'émotions montent et je voulais bien les sentir [...].
Bonjour, je m'appelle Yvon, je suis divorcé depuis neuf ans ; j'ai deux fils : Jules, 18 ans, et Paul, 15 ans.
Depuis environ deux ans, mon fils Paul a des problèmes de comportement. Il en avait un peu avant, mais depuis l'âge de 13 ans ça empirait. Il manquait l'école sans raison, fuguait, consommait drogues et alcool ; je n'avais plus aucun contrôle.
Depuis mars, il avait abandonné l'école, consommait de plus en plus de drogues, dont des drogues dures ; il était complètement hors contrôle ; il avait décidé qu'il prenait sa vie en main. Nous avions peur du suicide tant il changeait, ne respectait plus rien, n'avait plus le goût de rien. J'ai tout essayé, douceur, punition, négociation, rien ne fonctionnait. Je me sentais tellement démuni, impuissant de voir ainsi mon fils se détruire.
Fin avril, la DPJ [6] est entrée en scène, car mon fils, n'ayant que 14 ans, n'avait pas le droit de manquer l'école. Il y eut plusieurs rencontres avec la DPJ où Paul ne s'impliquait pas et où tout se détériorait de plus en plus.
Paul consommait de plus en plus, découchait, fuguait. Je voyais que tout devenait de plus en plus noir dans sa vie. Je dormais d'un sommeil léger, guettant son arrivée, surveillant le téléphone en guettant une mauvaise nouvelle, c'était affreux. Au mois d'août, après une rencontre avec la DPJ, il a fugué durant plusieurs jours ; il fut arrêté et amené dans un centre de jeunes.

5. M. Titran, T. Potekov, *Vies de familles, un autre regard sur l'exclusion*, *op. cit.*
6. DPJ : division protection jeunesse, au Québec.

Vers 22 heures, un lundi soir, je reçus un coup de téléphone m'informant qu'il était incarcéré, mais en sécurité. J'étais complètement brûlé, à bout, vidé.
Le lendemain matin, 10 heures, téléphone de la DPJ : je passe au tribunal « contre » mon fils à 14 heures. Je me sens alors tellement pas correct, démoli, sans énergie.
La rencontre au tribunal fut très dure, je ne savais pas comment me comporter vis-à-vis de mon fils ; on était gênés, mal à l'aise ; c'était comme si j'abandonnais mon fils, comme si je le trahissais.
Le jeudi soir, mon ex-épouse, l'éducatrice de la DPJ et moi, nous sommes allés le visiter au pavillon Jeunesse. Toute la famille était mal à l'aise. Il nous a fait visiter son unité : une belle cafétéria, une belle salle de lecture et de télé, et ensuite sa chambre. Ce fut là le coup le plus dur ; une chambre semblable à une cellule, en bloc de béton froid, une fenêtre avec grillage, des murs nus. Je réussis à me retenir jusqu'à notre sortie et je pleurai tout le long de la route jusqu'à chez des amis. J'étais brisé, démuni, je me sentais tellement mal ; j'avais raté mon coup dans l'éducation de mon fils ; je me sentais tellement coupable. [...]

Quand on entre dans un centre, en tant que parents, on se sent tellement démuni, plein d'inquiétudes, jugé et surtout jugé coupable ; on se retrouve devant une grosse machine à laquelle on ne veut pas avoir à faire. On s'isole, on n'en parle pas à nos familles, nos voisins, nos amis ; on a tellement honte. Avec le temps on voit le centre d'une autre manière.
Puis on nous a offert un cadeau : la Croisière. C'est un groupe de support éducatif aux parents. Notre groupe était composé de quatre couples mariés, un couple divorcé (moi et mon ex-femme), et une mère seule. On a découvert que nous étions des parents normaux et que nos enfants n'étaient pas des monstres, et ça c'était très important. [...]
Dans le groupe, on a vécu toutes sortes d'expériences : joie, peine, complicité, impuissance quand on voyait des parents souffrir, on le vivait tous ensemble. [...]
Chaque réunion commençait par un : « Comment ça va ? » ; on discutait ensemble de ce qu'on vivait ; on partageait, on s'entraidait. On apportait à tour de rôle un goûter ; on apportait aussi tout ce qu'on trouvait pour nous aider :

revues, documentaires, films, pensées, et beaucoup de blagues pour détendre l'atmosphère, dédramatiser nos vies.
À la huitième rencontre, on a vécu une rencontre parents et enfants ; ce fut merveilleux. On a débuté par un jeu de société pour détendre l'atmosphère, puis est venue une période de questions sur les valeurs et les questionnements de tout le monde et pour terminer une joute de ballon volant.
Ce fut une très belle soirée, très constructive, très enrichissante car on y a aussi découvert nos enfants sous un autre angle.
On a eu aussi un souper « Noël-Parents ». Une belle atmosphère familiale de joie et de compréhension, un répit, une très belle dynamique que je souhaite à tous les parents en difficulté de vivre un jour [...].
Les groupes Parents sont une nécessité, une bouée dans la tempête, un outil vraiment nécessaire à tous les parents. [...]

Yvon, le 26 mars 2000. »

Lors d'un autre échange, Yvon fait le bilan de son expérience :

« [...] Mes enfants vont très bien, au-delà de mes espérances. Le plus jeune m'a dit : « Toi, t'étais avec moi, tu m'as protégé. » C'était bien douloureux, mais il y a eu du positif.
En parlant de tout cela avec toi, je m'aperçois qu'à des endroits différents, on vit les mêmes choses, on a les mêmes préoccupations, les mêmes tourments, les mêmes difficultés ; on est semblables, qu'on soit parents au Québec ou en France. On ne peut pas demander ce qu'on n'a pas, il nous faut nous confronter à notre réalité.
Je suis actuellement bénévole au comité des usagers (toute personne qui va au centre de jeunesse), comité constitué par des parents. Nous sommes là pour défendre les droits des parents et des enfants ; nous écoutons les deux, car ils vont vivre ensemble.
Quand on est confronté aux services sociaux et juridiques, on est perdu, face à l'inconnu, des inconnus ; on n'a personne pour nous accueillir, nous écouter ; il faut aider les parents en désarroi. Quand on a soi-même vécu cette expérience, on les comprend mieux, ces parents.

Mais certains parents n'y arrivent pas, certains ne dépassent pas leurs problèmes, par orgueil quelquefois, et la relation n'arrive pas à se renouer. Certains parents ont été blessés par les services sociaux, blessés dans leur narcissisme ; alors ils rejettent leur enfant, celui qui, pour eux, est la cause de leurs problèmes.
Ces parents ont besoin d'approches plus humaines, pas jugeantes, pas humiliantes ; ils ont besoin de se sentir respectés et soutenus et non pas descendus et méprisés.

Certains travailleurs sociaux aggravent la situation au lieu de t'accompagner ; ils donnent des leçons aux parents, les jugent, en oubliant qu'ils sont eux-mêmes parents et que ce n'est pas simple, que ce n'est pas aussi simple qu'ils te le disent si bien, car ils savent donner des leçons, mais ce n'est pas de cela qu'ont besoin les parents à ce moment-là. [...]
Moi, je pensais « mourir d'orgueil » à l'idée d'aller à la DPJ, mais stimulé par mon ex-femme, j'y suis allé quand même. Pourtant, vu ce que j'avais vu pour des familles que je connaissais et qui avaient affaire aux services sociaux, je m'étais toujours dit que je n'irais jamais voir ces éducateurs, parce qu'ils conduisaient ces gens à se vivre comme des mauvais parents, des bons-à-rien, qui n'avaient qu'une peur, c'était qu'on leur enlève leur enfant parce qu'ils n'étaient pas capables de bien s'en occuper. Je n'aurais jamais laissé quelqu'un m'enlever mon fils, quelqu'un qui aurait, soi-disant, mieux su faire que moi, son propre père. C'est tout cela qui nous passe dans la tête.
Je vivais tout cela avec beaucoup d'inquiétudes et de culpabilité. On ne sait pas où aller, ni comment faire, on n'en parle avec personne d'avoir son enfant placé, on a honte, on a peur d'être jugé.
Et lorsque j'ai découvert la Croisière, je me suis dit : enfin un lieu où on pourra m'écouter !
J'y suis allé avec mon ex-femme, car le plus important c'était notre fils, il fallait le sauver, le tirer de là ; alors on oublie son orgueil, sa fierté, car on accepterait tout pour le sortir de là. Et on est allés au groupe de parents. [...]
Dans ce groupe, on découvre qu'on est des parents normaux et que nos enfants ne sont pas des monstres ; ce fut une merveilleuse expérience.

On était devenus une grosse famille, et ce qui surprend parfois c'est qu'on se rejoint beaucoup dans l'histoire des autres ; ça peut nous arriver à nous aussi ce que l'autre vit ou subit. On partageait des choses ensemble, c'était très important.
J'ai toujours pris des notes pour ne pas oublier tout ce qu'on se disait, tout ce qui se passait. Il y avait aussi un observateur qui prenait des notes, c'était très important, car ces notes nous aidaient à prendre conscience de nos valeurs et de nos erreurs.
Les outils qu'on nous a donnés ont permis que certains enfants et parents se retrouvent enfin, se re-contactent, se parlent. Une rencontre ados-parents était organisée ; les parents préparent des questions qu'ils adressent aux ados et réciproquement ; et puis, parfois les jeunes avaient besoin d'aller vers d'autres parents, de parler avec eux avant de pouvoir s'adresser à leurs propres parents, et réciproquement, c'était émouvant.
Le groupe Parents s'est offert ce souper de Noël dont j'ai déjà parlé, un réveillon, c'était fantastique, il y avait une forte communication, de la compréhension, un moment de repos ; ce fut une belle journée de Noël ; on a vu qu'il y avait un espoir au bout du tunnel.
Malheureusement, mais aussi, heureusement, ça s'est terminé un jour. Il y eut beaucoup d'émotions, c'était comme si on perdait quelque chose, comme un deuil à faire ; mais ce fut très constructif, car il faut se passer du groupe, avoir suffisamment confiance en soi en tant que parents pour ne plus en ressentir le même besoin.

Ces groupes sont une nécessité, car on est tellement démunis quand nos enfants entrent dans un centre, dans cette grosse machine, et on est envahis par tant de honte. L'objectif essentiel est de contrer l'isolement des parents quelles que soient les difficultés de leur enfant, ou leurs propres difficultés. Certains parents ne savent pas, ou n'arrivent pas à être parents.
Je pense que c'est malgré tout devenu comme une thérapie individuelle, car il y a eu beaucoup de prises de conscience, et les vraies personnes parlaient des vraies choses. [...]
Il faut admettre que nous sommes quand même les mieux placés pour savoir ce que l'on vit, comment on vit une telle

épreuve, et ce dont on a besoin à ce moment-là. On le sait quand même mieux que certains professionnels qui savent tellement donner des leçons ou des recettes sur ce qu'ils ne savent pas et tout ça avant même d'avoir essayé de comprendre notre situation et notre souffrance. [...] »

Les associations de parents

Quelques associations de parents se sont créées dans notre pays et font un travail important, discret et de qualité.

Une association, *Le Fil d'Ariane,* fait un travail exemplaire d'information et de soutien auprès de parents dont l'enfant est placé et se bat pour renforcer le respect des familles.

Elle fut créée par une mère d'enfant placé, Mme Gadot, qui s'est appuyée sur son expérience douloureuse pour apporter à d'autres parents dans la même situation ce qui lui a tant manqué et dont elle aurait eu besoin, cela avec la collaboration de Pierre Verdier [7], ancien directeur de DDASS et auteur de plusieurs ouvrages sur l'Aide sociale à l'enfance.

Cette association, fondée en 1998, est composée de parents bénévoles et propose aux parents de les guider, de les soutenir, de les écouter. Elle a élaboré un guide très riche dont l'objectif est de permettre aux parents et aux enfants de se prendre en charge et de faire respecter leurs droits. Cette brochure très diffusée auprès des familles et des services sociaux fourmille d'informations indispensables et rassemble les textes de base et l'essentiel sur l'Aide sociale à l'enfance, la justice et l'assistance éducative, les droits et responsabilités des parents lorsque leur enfant est placé, les droits de l'enfant, et n'oublie pas de rappeler aux parents qu'ils ont des droits mais aussi des devoirs.

> « Lorsque mon enfant est placé à l'Aide sociale à l'enfance, j'ai le sentiment qu'une violence m'est faite. Qu'il m'a été arraché.
> Pourtant, il est placé en application de la loi. Et cette même loi me reconnaît des droits. La loi, dans une société de droit, comme nous voulons que soit la nôtre, c'est ce qui articule les relations entre les personnes. La loi, c'est ce qui protège

7. P. Verdier, *L'enfant en miettes*, *op. cit.*

de la violence. C'est ce qui fait que les relations ne seront pas des coups de force ou des abus de pouvoir.
Quand un enfant est placé, les parents restent les parents. Ils ont des droits et des devoirs.
L'administration aussi a des missions, c'est-à-dire des obligations et des devoirs [8]. »

Ces associations ont besoin d'être reconnues et soutenues par les services sociaux dont elles sont de précieux partenaires. On ne peut les ignorer car elles sont au plus près de ce que vivent les parents d'enfants placés, et pour la plupart d'entre elles, l'objectif central est que les parents retrouvent un plein exercice de leur parentalité et que l'enfant retrouve un milieu familial sécurisant et structurant. Ce sont, en tout cas, les objectifs du Fil d'Ariane.

La médiation familiale

Je ne puis manquer de mentionner également les services de médiation familiale qui se développent depuis quelques années et dont la visée principale est de venir en soutien aux parents qui n'arrivent pas à trouver une entente, un consensus, dans l'intérêt de l'enfant.

D'après le code de déontologie de l'APMF (Association pour la médiation familiale), « la médiation familiale, notamment en matière de séparation et de divorce, est un processus de gestion des conflits dans lequel les membres de la famille demandent ou acceptent l'intervention confidentielle et impartiale d'une tierce personne, le médiateur familial.

« Son rôle est de les amener à trouver eux-mêmes les bases d'un accord durable et mutuellement acceptable, tenant compte des besoins de chacun, et particulièrement de ceux des enfants, dans un esprit de coresponsabilité parentale. »

Christine de Gaulejac [9], médiatrice familiale, rappelle qu'historiquement, la médiation familiale s'est construite autour du divorce et de la séparation, mais s'est étendue à d'autres situations de séparation, liées à un décès, à un placement, par

8. « Mon enfant est placé, j'ai des droits », Association Le Fil d'Ariane, avec Pierre Verdier.
9. C. de Gaulejac est médiatrice familiale à l'association Père-Mère-Enfant Médiation, à Versailles (78).

exemple, ou à des ruptures de communication entre enfant et parents, voire grands-parents, même s'ils ne sont pas séparés.

Cette praticienne précise que la médiation essaie de remettre du lien au-delà des conflits et désaccords entre différentes personnes qui devraient être en lien et ne le sont pas.

Un dispositif Accueil et soutien parental : asp

Dans un récent numéro du *Lien social* [10], André Jonis, Jacques Trémintin et Claudine Gahier-Prémel présentent une expérience originale, asp (dispositif Accueil et soutien parental), qui propose un nouveau service en conformité à la loi 2002-2, dite « de rénovation sociale » et « qui accroît les droits des usagers et de leur famille dans la conception et la mise en œuvre de leur prise en charge, notamment en ce qui concerne le respect de l'exercice de l'autorité parentale » ; ce service d'accueil et de soutien familial se situe entre l'aemo et le placement familial.

Une équipe créative a su imaginer ce service asp. « Elle inscrit comme préalable à l'admission d'un enfant la nécessaire mobilisation des parents, la rédaction d'un document qui définit les objectifs, les conditions de séjour de l'enfant, les rôles des professionnels, du décideur, de la famille, des assistantes maternelles, un calendrier de réunions pour gérer tout cela. » C'est remarquable, précise A. Jonis, approuvé par J. Trémintin pour lequel, si l'on veut accompagner sans stigmatiser, il est indispensable de s'appuyer sur ce qui fonctionne plutôt que d'insister sur ce qui fait défaut, sans pour autant l'ignorer ni le banaliser.

L'asp s'appuie avant tout sur la nécessité d'accompagner les parents et peut se définir comme « une formule souple faite d'allers-retours d'une famille à une autre, une mesure d'accompagnement éducatif qui permet à l'enfant de rester l'enfant de ses parents et qui vise soit à son retour à terme dans sa famille, soit à un équilibre à trouver dans une parentalité partagée (certains parents ne peuvent l'être qu'à temps partiel), soit encore à la préparation à une autre mesure de placement plus adaptée et probablement mieux comprise alors », d'après C. Gahier-Prémel, responsable du projet Accueil et soutien parental de Saint-Nazaire.

10. *Lien social*, « Le forum social du jeudi », n° 744, 10 mars 2005, p. 3 à 9.

Les objectifs essentiels des professionnels sont de mobiliser les parents « en faisant coller la réponse au plus près des besoins précis », de co-agir autour de l'éducation de l'enfant en étant convaincu « de l'existence de compétences familiales », ce qui implique d'être capable de « renoncer à savoir ce qui est bien pour l'enfant et sa famille, à tout savoir en général, et à mieux savoir que les parents, en particulier ».

Une telle pratique témoigne de la faisabilité et de la possibilité d'accompagner des parents défaillants sans les disqualifier, mais en les écoutant, en les impliquant et en les associant à la prise en charge de leur enfant. Il serait nécessaire que de telles expériences se développent et soient soutenues et encouragées.

Il existe, fort heureusement, de nombreuses initiatives qui vont dans le sens du soutien aux familles afin qu'elles trouvent leurs propres solutions et retrouvent un équilibre familial harmonieux, dans l'intérêt de tous, enfant et parents [11].

> « Chacun d'entre nous peut se trouver à la croisée des chemins, même à son insu, et devenir, un instant, la boussole qui permet à un autre de poursuivre sa route [12]. »

Une écoute attentive des parents

> « Être troublé, être ébranlé est la promesse d'un changement possible ou d'une création probable. Tout vrai créateur est un être d'interrogation qui sait que le plus important c'est la question qui obsède et non la réponse qui conforte [13]. »

Que nous disent Cathy, Marie et Yvon ?

Commençons peut-être par tenir compte de ce qu'ils nous signifient dans leurs récits, de ce qu'ils expriment de leurs attentes des travailleurs sociaux ; ils nous aideront ainsi à être parfois moins « à côté » et en décalage avec leurs besoins réels.

Ces parents, qu'ils vivent au Québec ou en France, expriment un énorme besoin d'avoir un professionnel à qui adresser

11. Par exemple, à Tours (37) : Inter.FASS (Interventions familiales d'aide et de soutien systémique), association loi 1901 qui regroupe des professionnels du secteur social, éducatif, et des intervenants formés à la thérapie familiale systémique, et qui propose des entretiens familiaux (tél. : 02.47.66.08.25).

12. D. Le Breton, 2003.

13. E. Enriquez, *La face obscure des démocraties modernes*, *op. cit.*

leurs difficultés, quelqu'un qui les écoute, tente de les comprendre, les croie, ne mette pas d'emblée en doute leur parole, leur version des faits, et les aide à rebondir et non à s'enfoncer un peu plus, tout en les amenant à prendre conscience que la réponse est en partie en eux et qu'ils sont porteurs d'un savoir de valeur.

> « Une parole n'est parole que dans la mesure exacte où elle est entendue ; offrir une écoute à quelqu'un, c'est lui offrir un espace où il n'est pas seul, et pourtant il est autorisé à occuper toute la place », a rappelé Lacan dans l'un de ses séminaires.

Ces parents nous disent à quel point la considération que le travailleur social aura à leur égard sera la clé pour qu'ils retrouvent énergie et confiance en leurs capacités à s'en sortir et à prendre en main leur situation familiale.

Pour Cathy et Marie, c'est la « patience », la « confiance » et le « respect » que les professionnels leur ont manifestés ainsi que leurs capacités à prendre appui sur leurs compétences parentales qui leur ont permis de sortir de leur situation difficile.

Ces travailleurs sociaux ont considéré ces parents comme des acteurs possibles, comme les acteurs principaux de la résolution de leurs problèmes, et non seulement comme des victimes ou des coupables ; en effet, comme l'exprime si bien Touraine : « Ceux qui ne peuvent être définis que par ce dont ils sont privés n'ont jamais été les acteurs de leur libération [14]. »

Les parents ont besoin que soient reconnues et considérées leurs appartenances familiales et sociales, que l'accompagnement qui leur est proposé ne soit pas uniquement centré sur leur personne, mais tienne compte aussi de l'environnement dans lequel ils ont évolué et de celui dans lequel ils évoluent actuellement.

En effet, ces parents sont souvent entraînés, à leur insu, dans leur passé, car malgré leur désir de bien faire, ils peuvent en être empêchés par leur histoire, mais aussi par le contexte économique et politique qui peut exclure.

Anne, l'assistante sociale accompagnatrice de Marie, a su tenir compte de ce qu'elle repérait dans l'histoire familiale de cette maman et qui influençait ses manières d'être et de faire,

---

14. A. Touraine, *Comment sortir du libéralisme ?* Paris, Fayard, 1999.

pour ne pas déposséder Marie de ce qui lui a permis d'être celle qu'elle est à ce jour.

C'est en reprenant ces liens importants pour Marie qu'elle lui a sans doute permis de mieux comprendre ce qui, d'un côté, l'encombrait dans son histoire et l'empêchait d'avancer, et, d'un autre, l'aidait et lui était nécessaire pour faciliter sa vie au quotidien.

C'est en parvenant à faire le tri et ses propres choix quant à son héritage familial et social qu'elle pourra enfin prendre en main sa vie et construire son projet de vie, non plus en fonction de ce qu'elle pense que l'on veut qu'elle soit, ou qu'on la voit (une mauvaise mère, une mère dépassée…), mais en accord avec celle qu'elle a envie d'être, une bonne mère qui réussit en même temps sa vie de mère et sa vie professionnelle.

Cependant, ainsi que le formule F. Tosquelles, « chaque rencontre humaine fait toujours référence aux origines de chaque partenaire, le plus souvent par des transparences obscures, oubliées, déniées, voire travesties [15] ».

C'est pourquoi il est nécessaire que le travailleur social qui accompagne des parents et des enfants puisse lui-même se donner les moyens de réfléchir sur sa propre trajectoire familiale, sociale et professionnelle pour mesurer l'importance des influences qui l'ont construit.

Le travailleur social et son histoire

À l'institut du travail social de Tours, nous proposons aux éducateurs en formation, ainsi qu'aux professionnels en formation continue, un module optionnel « Histoire de vie » de cent heures (deux jours par mois).

Ce temps prend une place particulière dans la formation des étudiants et des professionnels, car dans ce module, ils ont la possibilité de réfléchir en groupe (de dix ou douze) sur leur trajectoire à partir de supports empruntés à la sociologie clinique [16].

Les participants mesurent à quel point ce travail d'implication et de compréhension de leur parcours de vie les aide à ne pas

15. F. Tosquelles, *Éducation et psychothérapie institutionnelle*, Paris, Éditions universitaires, 1984.
16. V. de Gaulejac, *La névrose de classe*, Paris, Hommes et groupes, 1987.

déposséder l'enfant de ses parents ou les parents de leur enfant, par la place qu'en tant que professionnels ils peuvent prendre et par le projet qu'ils sont parfois amenés à construire pour cet enfant.

L'HISTOIRE DE VIE, UNE DÉMARCHE PARMI D'AUTRES

L'histoire de vie est une recherche et une construction de sens à partir de faits temporels personnels [17], familiaux et sociaux et elle est interprétée comme outil d'historicité, c'est-à-dire de travail sur son histoire pour en construire le sens. L'historicité est définie comme la capacité d'agir sur son histoire et d'avoir prise sur sa temporalité en articulant passé, présent et futur, mais aussi la capacité d'agir sur certains déterminismes pour s'en dégager et prendre de la distance, ce qui peut aider l'individu à mieux comprendre, voire à changer, son rapport au monde. L'histoire de vie devrait conduire la personne à devenir agissante, actrice de sa propre vie et auteur par le sens qu'elle parviendra à lui donner.

Jean-Louis Legrand [18] parle de l'histoire de vie en termes d'anthropologie existentielle critique car le travail sur son histoire aide à dégager la place que chacun se donne dans ce qu'il est devenu.

L'histoire de vie [19] peut être un médiateur qui permet au travailleur social de réfléchir sur ses motivations professionnelles, sur les valeurs qui sous-tendent sa pratique et sur sa posture professionnelle.

L'intervention éducative ou sociale auprès d'une personne ne peut contourner la reconnaissance du vécu de celle-ci, de son identité, de ses valeurs, de son histoire singulière et unique, et commence par viser la compréhension du désordre de la vie du sujet par celui-ci.

Pour accompagner la personne dans son travail de mise en sens des différents éléments qui constituent sa vie, le professionnel a besoin d'avoir fait lui-même un travail sur son histoire personnelle, cela pour une meilleure compréhension de sa trajectoire sociale et familiale et du système de valeurs auquel il se

---

17. G. Pineau, *Produire sa vie : autoformation et autobiographie*, Paris, Éd. Edilig, 1983.
18. J.-L. Legrand, *Cultures en mouvement,* n° 57, p. 46.
19. C. Abels-Eber, *Enfants placés et construction d'historicité, op. cit.*

réfère, afin de trouver la distance nécessaire entre son histoire personnelle et celle du sujet qu'il accompagne, et de ne pas confondre son histoire avec celle de l'autre, ou l'histoire de l'autre avec la sienne. Cela ne pourra que faciliter la compréhension qu'il parviendra à avoir de la situation des personnes qu'il accompagne.

Afin d'illustrer ce point, je vais laisser la parole à une éducatrice spécialisée en formation [20] qui, dans un écrit sur l'option « Histoire de vie », synthétise et rassemble ce que les différents participants [21] de son groupe ont exprimé tout au long de leur formation et dans leurs écrits.

« La place de l'histoire de vie dans ma formation et dans le champ de l'éducation spécialisée » : récit d'une éducatrice spécialisée en formation

> « [...] En venant réinterroger les liens qui m'unissaient à ma famille, en prenant pleinement conscience de l'importance significative de ma place au sein de celle-ci, j'ai été amenée à venir interroger la place que pouvaient représenter des parents, des frères et des sœurs pour l'enfant, et en l'occurrence pour l'enfant placé. [...]
> Aussi ai-je pu réaliser toute l'importance qu'il y avait à entendre la position d'un jeune à l'égard de sa famille, au-delà des apparences, parfois trompeuses, qu'il laisse à voir.
>
> Offrir la possibilité à un enfant ou à un adolescent de renouer un dialogue avec sa famille m'apparaît de fait primordial, dans le sens où en se réappropriant une place au sein de sa famille, une ouverture lui sera permise par des allers et retours constructifs, ou bien, si sa situation est plus dramatique, il pourra être accompagné dans un travail de deuil afin de mettre du sens sur cette rupture. Évoquer avec un sujet son histoire, c'est commencer à la comprendre, c'est également pouvoir travailler sa place dans sa famille, c'est enfin maintenir un ancrage et lui permettre de se réapproprier son passé pour mieux vivre son présent. Ce travail sur la continuité nécessite une organisation et un cadre et doit se

20. M. Hamard, février 2004, document écrit UF7, ITS de Tours, 37.
21. Groupe constitué par : Benoît, Dominique, Élodie, Estelle, Franck, Géraldine, Lalla, Maxime, Muriel, Natacha, Sandrine, Valérie et Vinciane.

faire quand cela est possible avec la participation de la famille.

L'impact de la formation et la réflexion menée avec l'ensemble du groupe auront contribué à faire évoluer mon regard sur les familles d'enfants placés et sur la manière dont nous devons, en tant que professionnels, les considérer dans le champ de nos interventions. Même s'il est vrai que la famille a toujours représenté une préoccupation de l'éducateur, il est assez déroutant de réaliser (l'histoire de vie m'a permis cela) à quel point il peut être facile d'identifier les parents comme objets de défiance, de les considérer comme seuls responsables des difficultés ou du vécu douloureux de leur enfant, et de réaliser combien cette culpabilisation et ces représentations que tout professionnel peut être tenté de leur attribuer risque de laisser des traces durables et d'avoir une influence certaine sur leur manière d'intervenir auprès de leur enfant, sur notre manière d'intervenir auprès d'eux, sur la manière dont les enfants se dévoileront à nous. C'est pourquoi il me semble essentiel de pouvoir permettre aux parents de remplir leurs prérogatives parentales afin de donner à leur enfant les moyens d'évoluer dans les conditions les plus favorables possible.
Toutefois, cette volonté de travailler avec les familles ne va pas de soi et il est nécessaire d'avoir exploré au préalable différents champs théoriques. [...]

Cette réflexion autour de la façon dont j'accompagne un jeune à unifier son histoire personnelle, à trouver une cohérence entre ce qu'il a été et ce qu'il pense être, et dont, lorsque cela est possible, j'intègre les parents dans cette quête de sens est incontournable pour pouvoir créer un espace où chacun va être amené à créer, construire et identifier sa place, délimité par un cadre qui vient légitimer et inscrire l'action dans l'espace social.
C'est dans ce cadre sans cesse à réinterroger, à travailler, à référencer que l'éducateur pourra intervenir sans risquer de « dévier ». Il pourra éviter ainsi d'instaurer une relation de dépendance avec des parents qui pourraient être tentés de lui demander de jouer le rôle d'autorité qui leur revient, ou encore de prendre des décisions qui leur appartiennent. [...]
Il pourra, ainsi, se protéger d'une trop grande familiarité avec

les parents et rester centré sur l'enfant et son intérêt, sur sa place dans sa famille, et sur ce qui vient lui faire question.

L'option « Histoire de vie » m'a aidée à être plus vigilante dans mon travail au quotidien et plus sensible au fait d'entendre et rebondir sur ce qu'un jeune peut exprimer de son contexte familial. [...]
Le questionnement auquel j'ai été amenée m'a permis, je pense, de me repositionner sur la place que nous, professionnels, nous voulons bien laisser aux parents. [...] Cela m'a amenée à resituer ces parents d'enfants placés dans leurs droits et leurs devoirs. Je suis également plus attentive à ne pas porter à leur égard des jugements trop hâtifs et dépourvus d'éléments de compréhension de leur situation. C'est donc *via* une information authentique de ma mission adressée aux parents que j'ose désormais leur rappeler que je ne suis pas là pour me substituer à leurs responsabilités ou pour les juger, mais simplement pour accompagner leur enfant dans ce moment de crise qu'ils vivent.
Leur rappeler cette réalité et s'y référer est important[...] et me semble participer au développement de l'enfant, car, ainsi, les parents peuvent à nouveau entendre qu'ils conservent leur autorité parentale et qu'à cet effet, ils sont des interlocuteurs privilégiés, tandis que le jeune est reconnu dans son appartenance familiale.
Par une telle démarche nous reconnaissons au jeune sa filiation, qui est la base essentielle de son identité. [...]

Toutefois cette façon d'agir présente des limites qu'il convient de prendre en considération, car travailler avec le jeune sur son histoire [...], c'est parfois entendre une problématique qui peut venir heurter nos angoisses, nos tensions non résolues ; dans ce cas, la relation éducative peut en souffrir.
Cela implique d'accepter de travailler sur soi-même afin de repérer ce qui se met en jeu dans la relation avec le jeune et de pouvoir trouver sa place au sein d'une équipe où chacun pourra respecter et partager ses ressentis avec ceux de l'autre. [...] »

« Si nous n'arrivons pas à soigner ces enfants, cessons d'incriminer l'incompétence de leurs parents. Ce sont nos magnifiques structures, nos merveilleuses équipes qui n'ont pas su s'adapter à leurs besoins… Presque tout est à réinventer. […]
M. n'a jamais été pour moi un "cas social", quelqu'un "à aider". Elle était un être unique au monde, aussi précieux, aussi digne de respect que chacun d'entre nous. Tant que les travailleurs sociaux ne changeront pas totalement de regard, ils n'arriveront à rien.
Dans leurs écoles, je voudrais bien que soit enseignée cette vérité élémentaire : nous sommes en face de personnes qui sont nos égales. Cette prise de conscience serait un bouleversement.
Tant de personnalités d'emprunt, sans défaut, sans chaleur, sont assises derrière ces bureaux d'aide sociale. Tant de travailleurs sociaux enfilent une attitude professionnelle comme on enfile un vêtement alors que nous sommes des êtres imparfaits, incomplets, en face d'autres êtres imparfaits.
Le plus grand service que nous rendent ces gens déshérités est de nous ramener à cette vérité sur nous-mêmes. Tout le reste après n'est que détails. »

Thérèse Potekov et Maurice Titran
Vies de famille, Un autre regard sur l'exclusion,
Paris, Gallimard, 1996

Conclusion

« La position éducative implique l'adaptation de l'éducateur au point précis où se joue quelque chose de la vérité du sujet [1]. »

Tous ces témoignages illustrent la difficulté d'accompagner l'autre, quel qu'il soit, sans l'assujettir, sans défaire le lien social, mais en le créant et en le défendant.

L'accompagnement implique d'avoir comme visée première l'émancipation du sujet accompagné, en lui donnant la possibilité de sortir de là où il est, de là où il en est, sans perdre ni céder de son identité, car toute personne en difficulté est en droit de bénéficier du travail social tout en restant elle-même. Ce qui ne signifie pas refuser les changements qui permettraient une vie meilleure, mais, au contraire, accepter de se confronter à cette question dont seul le sujet concerné a les clés pour y entrer et avancer :

« Qu'est-ce que je peux faire de ce que l'on a fait de moi, et de ce que j'ai fait, jusqu'à ce jour, de ce que l'on a fait de moi ? »

Lors des États généraux du social, M. Chauvière et J.-M. Belorgey rappelaient que toute demande a besoin d'être entendue là où elle est exprimée :

---

1. D. Roquefort, *Le rôle de l'éducateur. Éducation et psychanalyse*, Paris, L'Harmattan, 1995.

> « Toute personne en difficulté a, de fait, le droit de pouvoir rencontrer un interlocuteur disponible, compétent et protecteur de sa vie privée. Elle doit pouvoir bénéficier d'une écoute bienveillante, compréhensive, autant que critique s'il le faut. Le respect de l'intégrité et de la dignité de tout demandeur d'intervention sociale est à ce prix.
> L'usager n'est pas un "client"... il est avant tout un citoyen en relation avec un service public parce que c'est un droit d'être demandeur d'aide ou de soutien. C'est d'ailleurs l'esprit de la loi 2002-2 de rénovation de l'action sociale et médico-sociale [2]. »

On mesure l'importance de lieux de paroles et d'échanges sur les pratiques à proposer aux travailleurs sociaux qui ont besoin de partager et d'interroger ce qu'ils vivent, ce qu'ils font, car le travail social devrait servir à l'émancipation, et pour cela il est nécessaire de se poser régulièrement la question de « pourquoi et comment on fait ce que l'on fait ? »

Ce qui est surprenant, c'est que pour des motifs économiques ou des 35 heures, trop d'instances de paroles disparaissent actuellement dans les institutions, alors qu'elles sont indispensables et faciliteraient le travail de tous. Les professionnels ont besoin de partager leur quotidien, de déposer leurs difficultés, d'interroger leur pratique pour accepter leurs limites et regarder autrement leur vécu professionnel « nourri » par des personnes en demande d'aide auxquelles le respect est dû, cela « sans jamais en faire des alibis [3] ». Il serait, bien sûr, intéressant de poursuivre cette recherche afin de tenter de comprendre pourquoi certains services se comportent ainsi.

Rémi, Max, Cathy, Marie, Dorothée et Yvon ont témoigné de leur vécu particulier que fut celui d'être dépendant des services sociaux. Il est important d'entendre et d'accepter leurs témoignages en leur accordant l'intérêt qu'ils méritent, celui de nous éclairer sur une dimension qui ne nous est pas toujours accessible, la manière dont ceux que nous appelons « usagers » ou « clients » ont intériorisé ce parcours difficile qui fut le leur et cette place particulière qu'ils ont eue à occuper et à supporter.

---

2. M. Chauvière, J.-M. Belorgey, « Le social, impératif d'humanité et de professionnalité », dans VST, n° 85, 2005, p. 95.
3. *Ibid.*

Anne et Line nous ont enrichis de leur vécu professionnel, qui pourrait être celui de tout travailleur social, un vécu chargé d'humanité et de professionnalité, construit par le souci de l'autre et non par un besoin de pouvoir sur l'autre.

Olivier G., par son témoignage, a rassemblé les différents points de vue, celui de l'enfant, celui du parent, celui du professionnel, mais aussi celui des instances administratives, juridiques et politiques.

Dominique B. nous a rappellé les exigences et la réalité du quotidien parfois difficile pour le professionnel, mais qui implique que, malgré tout, le jeune ou sa famille restent au centre de l'intervention sociale et éducative, et non à la périphérie.

Ce ne sont donc pas des « histoires » que nous racontent les auteurs des récits, mais bien leur histoire, une histoire véridique, que ce soit celle de l'enfant, du parent ou du professionnel, une histoire à entendre, une histoire à croire, une histoire à considérer, une histoire qui peut inspirer et guider nos pratiques.

> « Pour aider un être, je dois certainement comprendre plus que lui, mais d'abord comprendre ce qu'il comprend (Kierkegaard). »

Bibliographie

ABELS-EBER, C. 2000. *Enfants placés et construction d'historicité,* Paris, L'Harmattan.

ABELS-EBER, C. 2003. « Le récit de vie : une étape dans la construction de l'identité », dans C. Niewiadomski et G. de Villers (sous la direction de), *Souci et soin de soi*, Paris, L'Harmattan.

ABELS, C. 1998. « L'accompagnement de l'enfant placé dans son travail d'histoire de vie », dans G. Pineau (sous la direction de), *Accompagnements et histoire de vie,* Paris, L'Harmattan.

ALI, S. 1977. *Corps réel, corps imaginaire*, Paris, Dunod.

ANTELME, R. 1945. *L'espèce humaine*, Paris, Gallimard.

ARENDT, H. 1972. *Condition de l'homme moderne*, Paris, Gallimard.

ASSOCIATION LE FIL D'ARIANE. 2001. Guide : *Mon enfant est placé, j'ai des droits*, mai.

AUSLOOS, G. 1995. *La compétence des familles : temps, chaos, processus*, Toulouse, érès.

BARUDY, J. 1998. *La douleur invisible de l'enfant. Approche écosytémique de la maltraitance*, Toulouse, érès.

BARUS-MICHEL, J. ; ENRIQUEZ, E. 2002. « Pouvoir », dans *Vocabulaire de psychosociologie,* Toulouse, érès.

BERGER, M. 1992. *Les séparations à but thérapeutique*, Paris, Dunod.

BERGER, M. 2003. *L'échec de la protection de l'enfance*, Paris, Dunod.

BERGIER, B. 1996. *Les affranchis*, Paris, Desclée de Brouwer.

BERTAUX, D. 1997. *Les récits de vie. Perspective ethnosociologique*, Luçon, Nathan, coll. « 128 ».

BOBIN, C. 1996. *La grâce et la solitude*, Paris, Éditions Le Fennec.

BONNETTI, M. ; FRAISSE, J. ; GAULEJAC, V. de. 1980. *De l'Assistance publique aux assistantes maternelles*, Paris, Cahiers de Germinal.

BOUCHEREAU, X. 2003. « Assistance éducative : le risque d'un "ethnocentrisme" de classe », ASH, *Actualités sociales hebdomadaires*, 3-10-2003, n° 2327, p. 31-32.

BOURDIEU, P. 1993 (sous la direction de), *La misère du monde*, Paris, Le Seuil.

BOURDIEU, P. 2002. *Si le monde social m'est supportable, c'est parce que je peux m'indigner*, Entretien avec A. Spire, Éditions de l'Aube, La Tour-d'Aigues.

BRISSET, C. 2005. *15 millions d'enfants à défendre*, Paris, Albin Michel.

CAPUL, M. ; LEMAY, M. 1996. *De l'éducation spécialisée*, Toulouse, érès.

CARRETEIRO, T.C. 1993. *Exclusion sociale et construction de l'identité*, Paris, L'Harmattan.

CHAUVIÈRE, M. ; BELORGEY, J.-M. 2005. « Le social, impératif d'humanité et de professionnalité », VST n° 85, p. 95.

CLAPIER-VALLADON, S. ; POIRIER, J. ; RAYBAUT, P. 1983. *Récits de vie*, Paris, PUF.

COLLECTIF. *Accompagner*, Toulouse, érès, coll. « Mille et un bébés ».

COLONEL, R. 2003. *Où es-tu, maman ?*, Paris, Michel de Maule.

CORBILLON, M. ; ASSAILLY, J.-P. ; DUYME, M. 1988. *L'enfant placé. De l'Assistance publique à l'Aide sociale à l'enfance*, Paris, Documents Affaires sociales.

CYRULNIK, B. 2002. *Le murmure des Fantômes*, Paris, Odile Jacob.

DAVID, M. 1990. *Le placement familial, de la pratique à la théorie*, Paris, ESF.

DAVID, M. 2000. *Enfants, parents, famille d'accueil. Un dispositif de soins : l'accueil familial permanent*, Toulouse, érès.

DELCROIX, C. 2001. *Ombres et lumières de la famille Nour*, Paris, Payot.

DELENS-RAVIER, I. 2000. *Le placement d'enfants et les familles*, Paris, Éd. Jeunesse et droit.

DELENS-RAVIER, I. 2003. « Parents en quête d'une place », dans A. Debourg (sous la direction de), *Séparation précoce : rapt, échec ou soin ?*, Toulouse, érès.

DOLTO, F. 1987. *Tout est langage*, Paris, Vertiges-Carrère.

DUBREUIL, B. 1996. *Pierre, fils de rien*, Paris, L'Harmattan.

EMMANUELLI, X. 2005. *L'homme en état d'urgence*, Paris, Hachette.

ENRIQUEZ, E. ; HAROCHE, C. 2002. *La face obscure des démocraties modernes*, Toulouse, érès.

ENRIQUEZ, E. ; HOULE, G. ; RHÉAUME, J. ; SÉVIGNY, R. 1993. *L'analyse clinique dans les sciences humaines*, Montréal, Éd. Saint-Martin.

ERNAUX, A. 1984. *La place*, Paris, Gallimard.

FIERENS, J. 2000. dans la préface du livre de Delens-Ravier, *Le placement d'enfants et les familles*, Paris, Éd. Jeunesse et droit.

FUSTIER, P. 1993. *Les corridors du quotidien*, Lyon, PUL.

FUSTIER, P. 2000. *Le lien d'accompagnement. Entre don et contrat salarial*, Paris, Dunod.

GAULEJAC, V. de. 1987. *La névrose de classe*, Paris, Hommes et perspectives.

GAULEJAC, V. de. 1996. *Les sources de la honte*, Paris, Desclée de Brouwer.

GAULEJAC, V. de. 1999. *L'histoire en héritage, roman familial et trajectoire sociale*, Paris, Desclée de Brouwer.

GAULEJAC, V. de. ; TABAODA LÉONETTI, I. 1994. *La lutte des places*, Paris, Épi.

GOMEZ, J.-F. 1978. *Un éducateur dans les murs. Témoignage sur un métier impossible*, Toulouse, Privat.

GOMEZ, J.-F. 1992. *L'éducateur et son autre histoire ou mort d'un pédagogue*, Genève, Les deux continents.

HAMARD, M. Février 2004. Document écrit UF7, ITS de Tours.

HANUS, M. 2001. *La résilience à quel prix ? Survivre et rebondir*, Paris, Maloine.

ION, J. 2005 (sous la direction de), *Le travail social en débat[s]*, Paris, La Découverte.

KARSCZ, S. 1996. « Peut-on définir le travail social ? », *Pratiques sociales*, p. 1095.

KLEIN, P. 2003. (rédigé et coordonné par). Document de travail européen préparé par le Mouvement international ATD Quart-Monde, *Précieux enfants, précieux parents. Miser sur les « liens fondamentaux » dans la lutte contre la pauvreté des enfants en Europe. Repérages pour un dialogue*, Paris, Éditions Quart-Monde.

LACOSTE, P. 1998. *Liberté sur paroles. Actualités freudiennes*, Circé.

LAFARGUE, H. 2001. *Intimité et collectivité*, mémoire DEA en sciences de l'éducation, université de Rennes.

LAINÉ, A. 1998. *Faire de sa vie une histoire*, Paris, Desclée de Brouwer.

LAMOUR, M. 2003. « La souffrance des professionnels confrontés aux séparations précoces parents-nourrisson », dans A. Debourg (sous la direction de), *Séparation précoce : rapt, échec ou soin ?*, Toulouse, érès.

LANI-BAYLE, M. 1999. *L'enfant et son histoire*, Toulouse, érès.

LE GRAND, J.-L. *Cultures en mouvement*, n° 57, p. 46.

LEMAY, M. 1979. *J'ai mal à ma mère*, Paris, Fleurus.

MOREAU, M. Sept. 2002. *Éducation permanente*, n° 152, Condé-sur-Noireau.

MUEL-DREYFUS, M. 1983. *Le métier d'éducateur*, Paris, Minuit.

NAVES, P. ; CATHALA, B. 2000. *Accueils provisoires et placement d'enfants et d'adolescents [...]*, Rapport réalisé par l'inspection générale des Affaires sociales et celle des services judiciaires, avec la collaboration de l'inspection des services de la Protection judiciaire de la jeunesse, *Journal officiel*, France.

PARIS, G. 2001. *Autobiographie d'une courgette*, Paris, Plon.
PINEAU, G. ; Marie-Michèle. 1983. *Produire sa vie : autoformation et autobiographie,* Paris, Edilig.
PINEAU, G. 1986. *Temps et contre-temps en formation permanente,* Paris, Éd. universitaires.
POURTOIS, J.-P. ; DESMET, H. 2002. « Comment être de bons parents ? », dans *Familles*, Auxerre, Éditions des Sciences humaines.
POURTOIS, J.-P. ; DESMET, H. 1988. *Épistémologie et instrumentation en sciences humaines*, Mardaga, Liège-Bruxelles.
ROQUEFORT, D. 1995. *Le rôle de l'éducateur. Éducation et psychanalyse,* Paris, L'Harmattan.
ROTH, P. 2002. *La Tache,* Paris, Folio.
ROUZEL, J. 1997. *Le travail de l'éducateur spécialisé*, Paris, Dunod.
SANS, P. 1991. *Famille d'accueil, un métier*, Paris, Centurion.
SENNETT, R. 2003. *Respect de la dignité de l'homme dans un monde d'inégalité*, Saint-Amand-Montrond, Albin Michel.
TITRAN, M. ; POTEKOV, T. 1996. *Vies de familles. Un autre regard sur l'exclusion*, Paris, Gallimard.
TOMKIEVICZ, S. 1979. *La prison, c'est dehors*, Paris, Delachaux et Niestlé.
TOSQUELLES, F. 1970. *Structure et réeducation thérapeutique,* Paris, Éd. universitaires.
TOSQUELLES, F. 1984. *Éducation et psychothérapie institutionnelle*, Paris, Éd. universitaires.
TOURAINE, A. 1999. *Comment sortir du libéralisme ?* Paris, Fayard.
VAILLANT, M. 1989. *La réparation dans la profession éducative*, Paris, CFEES.
VERDIER, P. 1978. *L'enfant en miettes*, Toulouse, Privat.
VILBROD, A. 1995. *Devenir éducateur. Une affaire de famille*, Paris, L'Harmattan.
WINNICOTT, D.W. 1971. *Jeu et réalité*, Paris, Gallimard.
WINNICOTT, D.W. 1988. « La famille », *Conversations ordinaires*, Paris, Gallimard.
WINNICOTT, D.W. 1995. *Conseils aux parents*, Paris, Payot.

Table des matières

Remerciements

Je n'ai pas fait ce livre toute seule, il s'est bâti en partenariat avec plusieurs personnes.

Je remercie tout particulièrement Cathy, Marie et ses enfants, Dorothée et Damien, ainsi qu'Yvon, sans lesquels ce livre n'aurait pu voir le jour. Je les remercie pour la qualité de leur témoignage et l'authenticité de leur récit [1], ainsi que pour les « instants » denses et riches qu'ils m'ont accordés.

Je remercie Max, Rémi et tous les enfants rencontrés ; ils furent mes premiers guides ; merci pour tout ce qu'ils m'ont appris et permis de découvrir [2].

Je remercie :

– Line (Mme L.) pour son témoignage et son accueil chaleureux ;

– Thérèse-Anne Caldy, pour le récit de son accompagnement et son éclairage professionnel ;

– Olivier Gentilleau et Dominique Blavet pour leur participation, la qualité de leur engagement et leur honnêteté ;

– Philippe Saene, cet ami de longue date, celui qui m'a ouvert les toutes premières portes.

– Gaston Pineau, Vincent de Gaulejac et Eugène Enriquez, qui ont toujours été là pour m'encourager et me conseiller, ainsi que Guy Ausloos et Christophe Gaignon ;

– Teresa, Anastasia, Isabelle, Lise et les autres… de l'IISC, ainsi que Christine de Gaulejac ;

– Martine Glineur pour son amical et fidèle soutien, pour sa lecture et ses critiques toujours constructives ;

– Ma famille : Pierre, Julien et Aurélien, pour leurs encouragements et leur patience, ma sœur Brigitte et sa famille, ainsi que Cédric, Sandrine et Éva.

Merci à tous ceux que je ne peux nommer tant la liste serait longue, mais que je n'oublie pas…

---

1. Pour préserver l'anonymat des personnes, les prénoms ont été changés.
2. C. Abels-Eber, *Enfants placés et construction d'historicité*, Paris, L'Harmattan, 2000.

Achevé d'imprimer en France par Présence Graphique
2, rue de la Pinsonnière - 37260 Monts
N° d'imprimeur : 021034572

Dépôt légal : février 2010